HAPPINESS et HAPPY MONEY

Rafael D. Kasischke

Happiness et Happy Money

Informations bibliographiques de la Bibliothèque nationale allemande : La Bibliothèque nationale allemande répertorie cette publication dans la Bibliographie nationale allemande ; Des données bibliographiques détaillées sont disponibles sur Internet à l'adresse http://dnb.dnb.de.

Éditeur: BoD · Books on Demand GmbH, In de Tarpen 42, 22848 Norderstedt/Allemagne
Imprimerie: Libri Plureos GmbH, Friedensallee 273, 22763 Hamburg/ Allemagne

ISBN: 978-3-7693-1986-6

Ce livre est destiné aux nombreuses âmes humaines
dédié à ceux qui ne vivent pas encore dans l'aisance
et je recherche la joie de vivre,
de rire et de légèreté.

Que la lumière brille sur ces gens
et les amène au bonheur.

Table des matières

Préface

Une lumière dorée et éclatante coule vers les gens. Une lumière dorée brille autour d'eux. Elle les remplit d'AMOUR. Ils se sentent en sécurité. Ils se sentent bien. Ils sont heureux. Un bonheur profond et une joie les entourent. Ils sont touchés par cette lumière. Elle remplit leurs CŒURS. Ils ressentent l'AMOUR et la connexion avec quelque chose de plus grand – l'énergie cosmique.

Lumière – Amour – Légèreté – Paix – Liberté – Attention – Compassion – Gratitude – Reconnaissance – Vérité – Confiance – Respect – Ouverture du cœur – Intuition – Inspiration – Danser – Rire – Gaieté – Exubérance – Allégresse – Insouciance – Richesse intérieure – Valeurs intérieures – Satisfaction intérieure ainsi que l'élan vital entourent ces personnes. Ils se sentent heureux, compris et « chez eux » dans leurs cœurs. Pleins de joie, ils embrassent leur famille, leurs amis, leurs voisins, la communauté.

Et cette gaieté est vue par d'autres. Ils viennent et veulent comprendre ce qui se passe ici : une grande transformation – de la mélancolie, la peur et la souffrance passées à l'ouverture des cœurs, la réception de la lumière dorée, la sensation de joie et de bonheur.

De plus en plus de personnes viennent. Eux aussi reçoivent l'amour, la lumière dorée et la joie. Il en résulte une réaction en chaîne. De plus en plus de gens sont attirés et veulent vivre ce miracle. De la souffrance, la peur et la tristesse, le pessimisme et la peur de l'avenir, la déchéance et le chaos, naissent la paix intérieure, la confiance, l'optimisme, un nouveau départ, la joie de vivre, la légèreté et ainsi le bonheur.

Comment est-ce possible ? Comment cela a-t-il pu se produire ? Qui a déclenché cela ? Est-ce une fiction ? Est-ce juste un moment ? Ou cet éveil se poursuivra-t-il ?
Ce n'est pas une fiction. Ce n'est pas un rêve. C'est l'avenir qui approche. Nous rendons les gens heureux. Nous les sortons de leur vie morne et les entourons d'un halo sacré qui rayonne profondément en eux et atteint leurs cellules corporelles et leurs émotions, qui passent de sombres à dorées.

Car notre conscience a grandi du jour au lendemain. Et avec notre conscience, nos cellules corporelles, mentales et émotionnelles se sont également élargies. Nos traumatismes, notre passé vécu et notre situation présente sans issue ont disparu du jour au lendemain. Une lueur dorée est venue sur les personnes qui étaient ouvertes et prêtes pour cela. Et ces personnes contaminent maintenant d'autres. Elles aussi veulent goûter à ce nectar de béatitude. Et elles aussi sont remplies d'amour, de joie et de gratitude par cette nouveauté. Et elles aussi reçoivent la lumière dorée – le halo sacré.

Tout cela n'est pas une vision, mais c'est l'avenir proche. Elle est à nos portes – ce sentiment de bonheur parmi les gens.

Chaque jour, nous lisons sur le bonheur dans les médias. Il existe même une liste des pays avec les personnes les plus heureuses. Les pays nordiques comme la Finlande, le Danemark, l'Islande, la Suède et la Norvège occupent les premières places du World Happiness Report 2024.

Mais sommes-nous devenus plus heureux grâce aux médias et à la publication de la liste des pays avec les gens les plus heureux ? Non. Parfois, cela rend les gens plus malheureux parce qu'ils pensent : Comment les autres peuvent-ils être heureux et moi pas ?

Nous pouvons tous être heureux. Et c'est de cela qu'il s'agit dans ce livre. Mais, comme écrit au début, le passage au bonheur n'a pas eu lieu du jour au lendemain. Jusque-là, nous devons encore emprunter le chemin traditionnel pour parvenir intérieurement au bonheur. Et le chemin traditionnel est parfois un peu épineux. En tout cas, c'est un processus que nous apprenons par l'expérience de la vie. Mais au fond, nous sommes heureux de naissance. Car nous devons être heureux d'être venus au monde et d'avoir la chance de vivre une vie riche, c'est-à-dire d'avoir des expériences.

Et en tant qu'enfants, nous rions le plus. Ensuite, beaucoup de gens l'ont oublié. Nous devons nous rappeler ces moments insouciants et réactiver le rire et la joie – du fond du cœur. Et nous devons inciter les autres à suivre également ce chemin. Ainsi, la paix et la joie entrent dans notre vie et dans le monde.

Il s'agit donc de retrouver le bonheur vécu enfant, mais ensuite oublié. Car chaque être humain – nous tous – veut être heureux.

Êtes-vous heureux ? Pourquoi ? Comment ? Chaque jour ou seulement rarement ? Comment se manifeste votre bonheur ? Voulez-vous savoir comment rester constamment heureux ou devenir encore plus heureux ? Certaines personnes sont heureuses aujourd'hui et malheureuses demain – oscillant d'un état à l'autre.

Il existe de nombreux livres, conseils et propositions. J'en ai lu quelques-uns pour découvrir la sagesse des autres auteurs. Mais peu m'ont convaincu. Pourquoi ? Beaucoup abordent la question de manière scientifique. La psychologie positive est le mot magique. Ou ce sont des pseudo-spirituels avec de beaux conseils.

J'aborde le sujet différemment, du côté pratique. Pour moi, le bonheur est un processus que l'on ne peut apprendre du jour au lendemain.

Comme tout dans la vie, cela a deux facettes. Car nous vivons dans la dualité : jour – nuit, lumière – ombre, joie – souffrance, guerre – paix, positivité – négativité.

Pour accéder au bonheur, nous devons passer par des expériences – positives et négatives. Le mieux est de ne pas savoir à l'avance de quoi il s'agit. On avance simplement sur le chemin – vers la prospérité ou vers l'abîme. Cela se révèle en cours de route. Et quand on, par exemple, descend vers l'abîme et en ressort, une expérience a été faite et un objectif atteint.

On peut littéralement cocher cette expérience sur une liste.

Il existe ainsi de nombreuses expériences qui contribuent au bonheur. Mais d'abord, nous devons les vivre. Si l'on a emprunté la voie de la prospérité, cela ne signifie pas que l'on n'expérimentera plus l'abîme. Il peut encore se présenter sur notre chemin. Et soudain, la joie et la légèreté deviennent la lourdeur, la tristesse et la souffrance. Pourquoi ? Parce que nous nous identifions à notre corps, notre histoire, nos parents, notre travail, notre richesse, au lieu de tout considérer de loin et avec sagesse.

Introduction

Beaucoup de personnes recherchent la gaieté, la joie de vivre et un sens à la vie. Elles ont déjà assez de soucis, de peurs et de doutes. Ce livre vise à encourager la gaieté ainsi que la réflexion sur la vie. J'accepte volontiers recommandations et suggestions. J'ai déjà donné divers conférences sur le bonheur : « Comment apporter la sérénité et la joie dans ma vie ? Happiness & Money » sont les titres de mes conférences.

Ou encore : « Comment devenir joyeux, insouciant, sans peur ? » Car beaucoup de gens sont en proie au stress, à gagner de l'argent, aux soucis pour l'avenir, aux problèmes familiaux, à la dépression. Rafael connaît ces sujets par expérience personnelle. Grâce à son changement intérieur, il est devenu un homme joyeux et plein de vie. Souhaites-tu devenir ainsi toi aussi ?

J'ai également proposé à des entreprises suisses et allemandes de rendre leurs employés heureux. On m'a répondu que leurs employés étaient tous heureux et qu'ils avaient suffisamment de personnel spécialisé en interne pour cela. Je suis évidemment très heureux que ce sujet soit arrivé dans toutes les entreprises et que leurs employés soient maintenant heureux. Bien sûr, j'ai dû sourire à ces réponses. Car dans notre monde actuel, peu sont vraiment heureux et pleins de joie (= au-delà de la joie).

Pourquoi les Colombiens sont-ils plus heureux que les Suisses ?
ai-je demandé à un doctorant colombien à l'Université de Saint-
Gall. Sa recherche porte sur la préservation du patrimoine
culturel et écologique des communautés indigènes de
Colombie, ainsi que sur les mécanismes de médiation et de
dialogue au sein des Nations Unies. Il vit en Suisse depuis
plusieurs années et connaît bien la différence entre les deux
pays.

Sa réponse fut : le peuple colombien possède intérieurement des
dons qui sont cachés aux Suisses et aux autres peuples
occidentaux. C'est la joie intérieure (la joie au-delà), le bonheur
intérieur, le rire, les plaisanteries, l'étincelle (chispa en espagnol),
l'espièglerie, la malice, la ruse (picardia).

D'où vient cette force ? D'une source à laquelle chacun a accès,
mais que beaucoup ont oublié ou négligé de puiser, de se
plonger dans une énergie que l'on ne peut toucher. Les peuples
indigènes ont accès à cette source. L'harmonisation est leur mot
magique – harmonisation entre les humains (et non
individualisation) ainsi qu'harmonisation avec la nature. Je
l'appelle spiritualité.

Je veux inspirer et sensibiliser les gens à trouver en eux l'or
intérieur – la joie, la légèreté, l'innocence, l'amour et la sagesse –
pour devenir heureux.

Mon but est de rendre le monde plus beau et d'apporter le bonheur dans le monde. Le défi est de changer la mentalité et les attitudes des gens, et de se détacher de l'ego et de l'argent.

Le 24 août 2024, j'ai rencontré un couple indien sur la Bahnhofstrasse de Zurich. Un jeune homme tenait une pancarte : « Positive People wanted ». Le couple indien et moi nous sommes approchés en même temps du jeune homme avec la pancarte. Nous avons discuté des personnes positives et du bonheur. Comment atteignons-nous le bonheur, a demandé l'Indien. En faisant quelque chose pour les autres, qui touche notre cœur en tant que donateur et le cœur du receveur, sans rien attendre en retour – par pur altruisme.
Bien sûr, nous pouvons aussi recevoir quelque chose. Mais pas comme d'habitude – un montant d'argent élevé. L'avidité et la maximisation du profit ne sont plus à l'ordre du jour. J'écris à ce sujet dans le chapitre 7.

Qu'est-ce qui a touché mon cœur et pour quoi suis-je reconnaissant ?
Je suis reconnaissant pour ma vie. J'en parle dans le chapitre 6. Et je suis reconnaissant pour les expériences que j'ai pu vivre. Grâce à ces expériences, je suis devenu heureux. Aujourd'hui, j'ai bien moins de biens matériels qu'avant. Mais j'ai aujourd'hui beaucoup – en connaissance, sagesse, expériences ainsi qu'en talents et dons. Chaque jour, je rencontre de nouvelles personnes, je leur apporte joie, soleil et lumière dorée, et je leur enlève la peur.

C'est un don merveilleux qui touche mon cœur et pour lequel je remercie le grand Tout.

Faut-il avoir une grande richesse matérielle pour être heureux ? J'ai eu cette richesse – avec une très grande maison, la mienne, idéalement située à Miami, en Floride. Une grande allée de parc, avec une fontaine, longeait le jardin avant. À l'arrière de la maison, un magnifique jardin avec une grande piscine jouxtait le terrain de golf du célèbre hôtel Biltmore, la vue sur le Par 3 depuis la chambre à l'étage.
Dans le garage, deux voitures. Les enfants dans une école privée. Autour de nous, les plus belles villas avec les personnes les plus riches de Miami, ainsi que des invitations et des fêtes constantes. Professionnellement, j'avais du succès – représentant les intérêts d'une banque suisse en Amérique latine. De cette façon, on peut être heureux. Et je l'étais.

Mais plus tard – lorsque ce faste extérieur m'a été retiré – je suis devenu encore plus heureux. Ceci est une histoire sur moi ainsi que sur d'autres personnes autour du sujet du vrai – du bonheur intérieur.
Nous devons apprendre : il ne s'agit pas de venir au monde pour accumuler des biens, mais pour se développer.

On peut se poser la question : Est-ce que ce que je fais en ce moment m'aide à évoluer ? Est-ce que j'aide les autres à se développer ou à réduire leur souffrance et leur confusion ?

Dans notre monde actuel, rempli de choses imprévisibles qui se passent dans l'esprit des gens – qu'ils soient sur la scène mondiale ou dans un camp de réfugiés – la misère et la souffrance sont grandes. Nous devons leur prêter l'oreille. Et nous devons leur donner confiance, lumière et amour. C'est ainsi que nous grandissons.

Et le développement inclut, en plus du don et de **la gratitude, le pardon**. Au cours de la vie, nous sommes confrontés à de nombreuses injustices. Et nous-mêmes confrontons les autres – enfants et adolescents – d'abord nos parents avec des paroles, des affirmations ou des accusations peu agréables, et plus tard, bien sûr, d'autres personnes autour de nous.

Nous devons nous pardonner ces pensées, paroles et accusations négatives à notre égard, ainsi que pardonner aux autres leurs actions envers nous. Cet outil du pardon est l'un des plus importants sur le chemin du bonheur. Je pardonne à l'agresseur qui a fait ceci ou cela à moi ou à mes enfants. Et je me pardonne d'avoir fait du tort à autrui.

Nous, les êtres humains, sommes les deux : victimes et agresseurs. Mais il y a aussi une autre position. C'est celle du libérateur, du sauveur, du rédempteur. Dans la vie, nous passons d'un rôle à l'autre : de victime à agresseur, puis à sauveur.

Nous devons essayer de sortir de cette trilogie et observer les rôles de loin. Nous devons devenir le héros ou l'héroïne – le narrateur – pas la victime de l'histoire. Nous savons : nous ne sommes pas nos gènes. Ils ne comptent que pour 10 %.

Quand nous nous considérons comme des invités sur cette planète et que nous nous détachons de notre identification, devenant ainsi des observateurs du grand théâtre, prenant du recul et adoptant une nouvelle perspective, nous devenons calmes, joyeux et trouvons la paix de l'âme.

Ma mission : vous rendre, cher lecteur, heureux – vous apporter joie, amour, gaieté et légèreté, et vous soulager du poids de vos bagages.
Plongez dans cette nouvelle énergie. Vous vous percevrez vous-même, ainsi que le monde autour de vous, sous un nouveau jour.

1. Chapitre : Qu'est-ce que le bonheur ?

Être heureux, ressentir de la joie, rire – tout cela fait partie de notre essence humaine. Les enfants sont automatiquement heureux. Parce qu'ils ne connaissent pas la peur.
Parce qu'ils n'ont pas encore fait d'expériences négatives dans la vie (perte d'emploi, perte d'argent, perte de partenaire, faillite, trahison, corruption, etc.). Ils sont insouciants et aventureux. Ils s'engagent pleinement dans l'aventure de la vie. Ils veulent découvrir et expérimenter – tester leurs propres limites et celles des autres. Ils ont confiance. Ils veulent jouer et s'amuser. Ils veulent surprendre et être surpris. Ils veulent se réjouir. La curiosité, la légèreté et la joie de vivre brillent dans leurs yeux.

Et nous, adultes – que voulons-nous ? Nous aussi, nous voulons vivre des aventures, tester nos limites, nous amuser, jouer – avec l'argent, la vie, et parfois même avec le "feu". Nous nous brûlons et recommençons. Et quand cela fait vraiment mal, alors nous arrêtons.

Nous, adultes, voulons également faire nos propres expériences, tout comme les enfants. Mais sur un autre niveau de conscience. Et nous avons déjà vécu certaines expériences négatives. Le résultat de tout cela est un peu moins de rires, un peu moins d'insouciance et de spontanéité par rapport aux enfants. Et donc, un peu moins de bonheur qu'eux.

Mais nous voulons essayer de retrouver cela – le revitaliser – et reconnecter avec notre enfant intérieur. Regarder la vie avec des yeux d'enfant, redevenir joueur, recevoir de la joie, ouvrir nos sens et recommencer à rire de bon cœur.

Que doit-il se passer pour retrouver cette insouciance et cette joie enfantine, cette confiance en Dieu ? Il s'agit d'une nouvelle perspective sur la vie. Une légèreté nouvelle s'installe. La joie de vivre se répand. Une nouvelle vie commence.

> *"Si tu oses, ton courage grandit.*
> *Si tu hésites, ta peur augmente."*
> Mahatma Gandhi

Mais d'abord, posons la question : **qu'est-ce que le véritable bonheur ?** C'est la connexion entre mon esprit, mon cœur et mon âme. Tout est harmonieusement lié. Aucun ne veut avoir plus de valeur que l'autre – ni l'esprit (et éventuellement l'ego), ni le cœur, ni l'âme. L'âme est la plus importante dans cette trinité – cette connexion. Car l'âme est déjà en nous avant notre naissance. Elle est la base de notre être. Elle donne le ton.

Nous pensons que c'est notre esprit qui donne le ton. Non, ce n'est pas le cas. C'est l'âme qui dicte notre chemin – même si ce chemin est difficile, sinueux et peut-être pas toujours éthique ou moral. L'âme souhaite aussi vivre ce chemin. Et c'est pourquoi nous le suivons – pour permettre à l'âme de vivre cette expérience.

Et quel rôle joue le cœur dans cette trinité ? Le cœur est le pont entre l'esprit et l'âme. Il dit ce qui est juste et ce qui est faux. Le cœur est la boussole. Si mon cœur est pur, qu'il brille et se sent bien, alors mon esprit et mon âme sont en harmonie. Les trois se sentent bien. Et c'est alors que je suis dans le bonheur. C'est alors que je suis en bonne santé mentale, émotionnelle et spirituelle.

Cependant, je ne peux pas atteindre cet état de bonheur intérieur dès mon jeune âge, car je dois d'abord passer par les expériences que mon âme veut vivre. L'esprit joue à tous les jeux. Car en nous, il y a la polarité : le bien et le mal, la positivité et la négativité. Dans les actions négatives, le cœur se met simplement en veille. Les actions positives, en revanche, le réjouissent.

Il faut ajouter que cette trinité est reliée à la grande âme – l'énergie cosmique – ce qui renforce notre sentiment de bonheur. Nous nous sentons guidés, compris et protégés.
Le bonheur est donc un sentiment. Nous nous sentons légers, énergiques, heureux, épanouis. Nous avons l'impression de pouvoir déplacer des montagnes. Notre niveau d'endorphines (les hormones du bonheur) atteint des sommets.

> *"La plus grande merveille qui existe,*
> *c'est le monde en toi. Regarde-le."*
> Kurt Tucholsky

Cependant, je ressens que beaucoup de gens dans le monde ne sont pas heureux – qu'ils soient riches ou pauvres. La différence entre les deux est l'argent. Les pauvres peuvent même être plus heureux que les riches. Car ce sentiment réside dans leur cœur, et ils rayonnent de joie et de bonheur. Leurs yeux sont le miroir de leur âme. Ils vivent dans le "maintenant" et non dans le passé ou le futur.

Les pauvres ne cherchent pas toujours "plus", comme c'est souvent le cas pour les riches. Cependant, ils ont besoin des mêmes choses que les riches : un toit, de quoi manger et boire, ainsi que de l'éducation et de la santé.

Les riches pensent être heureux parce qu'ils peuvent se permettre beaucoup de choses. Mais la richesse et les possessions peuvent aussi peser lourd. Il faut s'en occuper, les faire fructifier, les contrôler. Certains ont même peur de perdre ce qu'ils possèdent et s'en inquiètent. Et arrive la question ultime : à qui léguer cette richesse ? Mes enfants et petits-enfants en feront-ils bon usage ? J'ai vécu avec des riches. Je connais leurs soucis, leurs peurs et leurs pensées.

Curt Engelhorn, ancien patriarche de l'industrie pharmaceutique (Boehringer Mannheim), disait de son vivant : *"Toute ma vie, j'ai cherché chaleur et reconnaissance. Pendant une grande partie de ma vie, j'ai échoué."*

Il était un enfant négligé, traumatisé par le divorce de ses parents. Plus tard, il est devenu un père de famille négligent, laissant ses enfants marqués par ses multiples histoires sentimentales. Il appartenait au monde des grandes fortunes. Mais il était solitaire et pauvre intérieurement.

Et c'est le cas de beaucoup de gens. Mais peu ouvrent leur cœur pour exprimer ce qu'ils ressentent. Les hommes puissants et à succès sont souvent endurcis. Ils affichent un caractère fort à l'extérieur, mais leur âme se dessèche. Cela fonctionne tant que leur vie extérieure semble sous contrôle. Puis vient un vide désespéré.

Aristote Onassis : *"Un homme riche est souvent juste un pauvre homme avec beaucoup d'argent."*

Paul Getty : *"Avoir de l'argent ne libère pas des soucis liés à l'argent."*

En octobre 2024, j'ai eu le privilège d'être invité à un événement international en Inde (Mt. Abu/Rajasthan). C'était un centre de retraite spirituelle. Le thème était la connaissance de soi, englobant la conscience du corps, de l'esprit et de l'âme.

Pendant cette retraite, j'ai eu l'occasion de plonger profondément en moi-même – d'écouter et de ressentir, de renforcer mon intérieur afin de diffuser mon bonheur dans le monde. Les messages reçus et mes échanges avec les nombreux participants au cours de cette semaine ont été si inspirants, curatifs, et illuminants que j'accepte désormais plus facilement mon rôle (dans le monde) et le chemin à suivre.

J'ai rencontré 70 personnes venues de divers pays : Afrique du Sud, Kenya, Ghana, Maurice, Seychelles, Inde, Japon, Indonésie, Malaisie, Vietnam, Dubaï, Bosnie, Angleterre, Suisse, Italie, Espagne, Brésil, Trinité-et-Tobago, Canada et États-Unis.

À chaque participant, j'ai posé la question : **Comment percevez-vous le sentiment de bonheur dans votre pays ?** Les réponses étaient souvent similaires : les gens sont focalisés sur les choses matérielles. Beaucoup sont stressés pour cette raison. En apparence, ils semblent heureux. Mais ce n'est qu'une illusion – et non une réalité profonde.

Lors du trajet de quatre heures en taxi d'Ahmedabad à Mt. Abu, partagé avec une jeune journaliste de Dubaï, nous avons parlé du bonheur à Dubaï. Elle m'a dit que les gens y sont heureux parce qu'ils ne voient que le matériel. Ils ne connaissent pas la connexion avec la nature ni avec la spiritualité. J'avais déjà entendu une réponse similaire à propos de l'Arabie saoudite, lors d'un salon immobilier à Munich.

Dans notre monde matérialiste, le véritable sentiment profond de joie et de bonheur s'est perdu. Mais beaucoup en ressentent la nostalgie. Cela signifie que nous tous, qui avons ce sentiment profond en nous, sommes appelés à le partager dans le monde, à rendre les gens heureux du fond de leur cœur, à apporter lumière et joie.

À ma question sur le bonheur, permettez-moi de mentionner le Japon. La réponse vient d'une professeure d'université de Hiroshima, Dr. Fuyuko Takita. Elle m'a parlé des trois niveaux du bonheur au Japon :

"**Le Japon ancien :** En raison de l'ancienne religion nationale japonaise, le shintoïsme, les gens atteignaient un bonheur intérieur plus authentique, car les principes fondamentaux du shintoïsme reposent sur la pureté, l'harmonie et le respect de la nature. Les anciens Japonais étaient plus connectés au divin et, dans le sens le plus profond du terme, ils étaient plus heureux.

Le Japon moderne : Avec la modernisation du Japon, à l'image du monde occidental, l'économie japonaise a prospéré. Les Japonais ont commencé à devenir très riches sur le plan matériel. Tout en profitant de cette abondance matérielle, les gens, en particulier les jeunes générations, ont vécu une séparation croissante avec le monde spirituel.

Exactement comme dans le monde occidental : avec une satisfaction matérielle croissante, beaucoup de Japonais ont commencé à se concentrer sur la compétition et la pression pour réussir.

Cela a conduit à un vide intérieur encore plus profond. Ils ont commencé à souffrir d'anxiété et de dépression.

Manque de spiritualité et montée de l'individualisme : Le Japon est considéré comme un pays bouddhiste, mais très peu de personnes pratiquent réellement le bouddhisme, et beaucoup n'ont aucun lien avec le divin ni aucune connaissance de la spiritualité. Les jeunes générations s'individualisent de plus en plus et se détachent de la société et de la communauté.

Étant donné que beaucoup ne possèdent pas la sagesse de leur identité spirituelle – « *Qui suis-je ?* » – de nombreuses personnes dans ce pays portent des masques, tentent de plaire aux autres et ne vivent pas selon leur véritable objectif de vie.

En raison de ce manque de sagesse spirituelle, beaucoup de Japonais ont perdu le **but de leur existence** – un concept extrêmement intéressant dans le cadre du bonheur japonais."

(Dr. Fuyuko Takita/Universität Hiroshima)

Je voudrais ajouter qu'au Japon, les émotions sont peu exprimées. Elles sont souvent réprimées. Il est important d'éviter de montrer ses émotions, surtout les négatives, et de préserver les apparences. Voici un exemple : une très grande entreprise a fait construire un nouveau bâtiment de bureaux, avec des espaces de fitness, de relaxation, et même une salle complètement isolée par des murs épais. Cette pièce avait été conçue pour permettre aux employés de libérer leur agressivité refoulée, leur colère, etc. Cependant, il s'est avéré qu'aucun employé n'a utilisé cette salle.

Cela montre que les Japonais retiennent leurs émotions et ne les expriment pas. Cela est lié à leur culture – le respect envers les aînés et l'interdiction de montrer de véritables sentiments honnêtes.

Un être humain peut-il être heureux sans exprimer ses émotions véritables ? Et le sentiment de connexion à quelque chose de plus grand n'est-il pas essentiel pour ressentir du bonheur ?

La situation est tout à fait différente dans les pays du sud-ouest du monde – en Espagne, en Italie et en Amérique latine. Là-bas, les émotions sont montrées. Mais cela rend-il les gens plus heureux ? Pas nécessairement, sauf s'ils sont connectés à une source plus élevée, comme mentionné dans l'introduction.

Christina Carvalho-Pinto, productrice de films de São Paulo, reconnue internationalement pour son travail dans les médias transformateurs qui allient créativité et conscience, est quelqu'un que j'ai rencontré pour la troisième fois lors de la retraite à Mt. Abu. Elle écrit :

« Le Brésil est un gigantesque creuset de peuples et de cultures venus des quatre coins du monde : de nos peuples autochtones aux Allemands et Japonais, des Africains aux Chinois, des Italiens aux Portugais, des Espagnols aux Français, aux Néerlandais et bien d'autres.

Le résultat de ce mélange fascinant est une âme brésilienne aux caractéristiques uniques. La joie, la flexibilité, la chaleur humaine, la créativité et la résilience vivent en nous d'une manière perceptible et originale.

Sommes-nous heureux ? Les recherches récentes montrent que 83 % des Brésiliens disent : "Oui, je suis heureux." Mais dans un pays et un monde si marqués par les ombres, à quel point cette réponse est-elle profonde ?

Oui, la nature brésilienne est faite de joie et de bonheur, mais dans les entreprises, les gens à tous les niveaux hiérarchiques souffrent de burn-out, de dépression et d'autres troubles psychiques. Les dépressions, l'anxiété et les suicides augmentent de manière inattendue chez les enfants et les adolescents.

Partout dans le monde, les décideurs les plus puissants ont ignoré (et continuent d'ignorer) toutes les mises en garde sur le changement climatique. Et maintenant, nous vivons l'ère du changement climatique.

Pourtant, je suis heureuse, et je sais que toi aussi, Rafael, tu es heureux. Nous – et tant d'autres – voyons cette époque comme une formidable opportunité de répandre le bonheur. Ce n'est pas un symptôme d'aliénation. C'est un pur rappel de nos origines et de notre appartenance. La conscience de l'âme nous conduit à ressentir et à partager ce dont les gens ont le plus besoin : l'amour et la paix, le véritable chemin vers le bonheur. »

Bien sûr, il ne faut pas généraliser la population d'un pays. Il existe des exceptions, des personnes profondément connectées à leur état intérieur, c'est-à-dire à un niveau de conscience plus élevé. Lors de notre retraite, par exemple, un moine de Durban (Afrique du Sud), qui a acquis un profond savoir intérieur au fil des années, s'est montré très satisfait de lui-même et du monde qui l'entoure.

Une journaliste avisée et expérimentée m'a également parlé d'un exemple au Népal : Matthieu Ricard, un moine bouddhiste, écrivain et photographe connu pour son bonheur. Il a abandonné sa carrière scientifique pour pratiquer le bouddhisme tibétain. Il vit dans l'Himalaya.

Nous n'avons pas besoin d'aller si loin ni si haut pour être heureux. Il suffit de transformer notre intérieur. Le moment est venu.

« Le bonheur » n'est pas qu'un mot, c'est un mouvement mondial émergent – dans un monde rempli de soucis, de peurs, de souffrances et de tristesse. Le monde, ou plutôt les gens, ont besoin de bonheur, de confiance et d'une vision nouvelle et plus belle – un monde plein de paix, de compréhension profonde, de clairvoyance et de conscience.

Qu'est-ce que le bonheur ? C'est une connexion : avec la nature, avec les autres, avec une dimension spirituelle supérieure. Un entretien avec le directeur du Global Hospital à Mt. Abu a confirmé cela. Lorsque nous regardons la vie – notre vie – avec des yeux différents et une profonde compréhension, nous nous sentons heureux – même si la vie devait s'achever à ce moment-là.

Que faut-il pour atteindre le bonheur ? La méditation – plonger dans notre véritable moi, recevoir des messages, des compréhensions, des orientations et des solutions pour les questions de notre vie.

De plus, nous devons exprimer nos émotions, ne pas les retenir ou les cacher. Cela nous libère de notre corset intérieur.

Et nous devons aller vers les autres, établir des contacts et, à l'avenir, former une communauté. Dans de nombreux pays en développement, les gens sont un peu plus heureux parce qu'ils ont un cercle de connaissances parmi leurs semblables et qu'ils sont en contact étroit. Cela est moins courant dans les pays développés. Aujourd'hui, nous avons les réseaux sociaux, mais cela ne remplace pas une connexion personnelle et émotionnelle entre les individus.

« Et nous devons orienter nos pensées vers le positif. Sème des pensées positives. Laisse-les germer. Alors, le positif émergera. »

2. Chapitre : Réflexions sur la gaieté, le rire et la légèreté

Qu'il est beau de voir et d'observer des personnes gaies. Elles sont détendues, calmes et traversent la journée avec légèreté. Mon cœur s'en réjouit à chaque fois.

La gaieté est une manière fondamentale de percevoir le monde, nous-mêmes et les autres, la vie et la mort. Elle reflète notre attitude face à l'existence.

La gaieté ne nie pas le sérieux du monde. Elle l'accueille et le transforme. « L'humour est simplement une manière drôle d'être sérieux », disait Peter Ustinov.

Et Sigmund Freud ajoutait : « Sur le chemin de la vie, il y a des bifurcations où l'on peut choisir de ne pas emprunter la route des soucis, mais celle du rire, ou mieux encore : du sourire. Faire ce choix, décider de ne pas souffrir de la vie, est un grand accomplissement. »

L'humour est la capacité de se libérer des traumatismes vécus enfant, souvent à cause de ses parents. On se regarde de haut, avec amour, en souriant à ses propres erreurs, fautes et actions. Car pour un enfant, la pression dominante et effrayante d'un père était un traumatisme. Pour ces raisons et d'autres, beaucoup ont perdu leur gaieté et leur sourire. Retrouver cette perspective renouvelée sur le monde et sur soi-même est presque un talent.

Notre pensée est orientée vers la possession et la consommation. Ce n'est qu'en renonçant à cette fixation sur les biens matériels et à la peur de les perdre qu'une nouvelle vision de la vie peut émerger, apportant davantage de gaieté.

Cependant, le message de nos parents et de la société persiste : sois assidu et performant. Jamais : sois gai !

La gaieté ne peut pas être avalée comme une pilule, ni commandée sur Amazon, ni suivie dans un séminaire. Lire un guide pratique ne suffit pas.

Dans la philosophie antique, le concept d'« eudaimonia », souvent traduit par béatitude, est mal compris. Les débats entre philosophes tournaient autour du chemin vers l'« eudaimonia ». Un élément clé en était la tranquillité de l'âme. Devait-on se consacrer au travail, au plaisir ou à la modération ? Sénèque disait : « Réduire ses attentes envers la vie, ne pas s'y attacher. Il vaut mieux en rire qu'en pleurer. Donc pas d'exigences excessives, libération des attentes, indulgence envers soi-même et autrui. »

Comment, dans la vie réelle, être gai et puiser de la légèreté en soi ? La réponse : nous n'avons pas toujours besoin de rire. Mais nous pouvons sourire, pratiquer les petites gentillesses au quotidien, écouter les autres. Nous pouvons leur offrir notre intérêt, notre curiosité, notre bienveillance, notre réconfort. Ainsi, voir la vie pour ce qu'elle est aussi : un jeu.

Sont essentiels le sourire, la gentillesse, l'acceptation des choses, la transformation, la légèreté, la douceur, la bonté et la sérénité.

Pensées sur le bonheur :

1. La vie est faite de joie et de bonheur. Mais est-ce que le travail et l'argent mènent au bonheur ? Non !
   Depuis 2 000 ans, nos parents et la société nous disent d'apprendre et d'étudier pour avoir un emploi et subvenir à nos besoins.
   Depuis 2 000 ans, les églises et religions nous enseignent à travailler pour être satisfaits.
   Mais personne ne nous a appris à être heureux.
   Aller à l'école, étudier à l'université et travailler ne nous rend pas heureux.
   Gagner de l'argent non plus.
   Alors, qu'est-ce qui nous rend heureux ? La réponse est ici – dans le cœur.
   Il est temps de changer notre conscience et nos croyances pour aller vers le bonheur – dans la vie, au travail, et avec l'argent.

2. Nous sommes sur Terre pour vivre des expériences – notre âme cherche à vivre des expériences, qu'elles soient bonnes ou moins bonnes.
   Nous ne sommes pas ici pour nous attacher à l'argent ou à l'ego.

Nous devons maintenant abandonner cet attachement
et entrer dans la joie.
Et cette joie provient d'une source profondément ancrée
en nous.
Nous sommes connectés à une source qui est toujours
présente et nous nourrit. Ressentons cette source.
Si tout ce qui est matériel nous est retiré, il reste quelque
chose d'infiniment plus précieux : notre connexion à
cette source. Et cela nous procure la joie.
Certaines personnes dans les pays pauvres portent en
elles cette sagesse. Leur visage rayonne d'amour et de
joie.

3. Peut-on acheter la vraie gaieté et la joie avec de
    l'argent?
    Peut-on acheter une protection contre le cancer ou
    la démence ? Peut-on emporter l'argent avec soi au
    moment de partir ? La réponse est : Non !
    Nous devons donc repenser notre obsession pour
    l'argent. Notre attachement au matériel n'est plus
    d'actualité. Et la croyance que « l'argent rend heureux »
    encore moins.
    Nous devons trouver la joie, la légèreté et la sérénité
    dans notre intérieur, et non à l'extérieur.

4. Si nous sommes dans la joie et la gaieté (et non dans
    la peur), alors toutes nos anciennes actions négatives,

et même nos cellules corporelles peut-être touchées par
des maladies comme le cancer, sont guéries.
Les cellules négatives sont éliminées, et de nouvelles
cellules positives se développent.
La joie est la plus grande force transformatrice.
Elle guérit tout.

5. La peur est le plus grand obstacle de notre époque et en
   même temps un défi pour chacun de nous. Nos pensées
   tournent constamment autour de la peur – peur de
   perdre un emploi ou un statut social, peur de l'échec ou
   des pertes financières. Nous devons remplacer la peur
   par l'amour.
   Lorsque nous sommes dans la joie, ce qui est synonyme
   d'amour, nous n'avons plus peur.

6. Beaucoup de personnes se font du souci pour diverses
   choses. Ces pensées préoccupantes dictent nos
   émotions. Grâce à une nouvelle perspective, une
   nouvelle vision, nous pouvons sortir de ces pensées.
   La transformation a lieu !
   Nous devons prêter attention à nos pensées – cultiver
   uniquement des pensées positives, notamment en
   évitant les nouvelles, les médias, le stress, les
   dépendances, et en nous réjouissant des petites choses
   : le soleil, la nature, le sourire d'un inconnu, l'amour de
   nos enfants.

7. Pour se libérer de la peur et des soucis, il est utile de dire adieu au passé. Nous devons laisser derrière nous les vieilles pensées et émotions. Elles nous empêchent d'accéder à notre force et énergie. Ce n'est qu'en abandonnant le passé qu'un nouvel avenir peut se dessiner.

    Aie le courage de quitter les sentiers battus et d'emprunter de nouveaux chemins – sois un pionnier, un précurseur. Entre en résonance avec une nouvelle fréquence – celle de la légèreté et de la joie.

8. Aujourd'hui, nous pouvons voir la vie et tout ce qui l'entoure dans sa globalité. Tout est connecté. Et ainsi, nous pouvons dire merci.

    Nous pouvons remercier pour toutes les expériences négatives de notre vie. Nous avons voulu vivre ces expériences, et maintenant qu'elles ont été vécues, ce chapitre est clos.

    Un nouveau chapitre peut commencer – une nouvelle perspective, un nouveau départ dans la vie – le début d'un monde nouveau. Bienvenue !

    Et nous pouvons remercier pour toutes les expériences positives que notre âme a souhaité vivre. Quelle joie ! Quelle richesse !

9. Aujourd'hui, nous pouvons faire la paix – avec nous-mêmes, nos parents et nos ancêtres. Nous pouvons leur pardonner et nous réconcilier avec eux.

Nous portons de nombreuses blessures en nous – des blessures issues de notre famille, de nos ancêtres et de notre enfance.
Nous devons comprendre que nos parents et grands-parents ont également souffert de ces blessures. Quoi qu'il se soit passé dans notre enfance, ils ont eux aussi traversé des épreuves. Nous portons ces fardeaux en nous. Ils peuvent maintenant être guéris.

10. Aujourd'hui, nous pouvons apprendre à avoir confiance. Le monde et les gens manquent de confiance. N'aie pas peur. Il existe quelque chose de plus grand qui nous guide. Avec notre esprit limité, nous ne pouvons pas percevoir cette grandeur, mais elle est là. Nous sommes reliés à quelque chose de supérieur.
C'est pourquoi nous devons avoir confiance et ne pas avoir peur. Si nous avons confiance, nous pouvons lâcher prise. Seules les personnes effrayées s'accrochent et refusent de laisser aller.

11. Le monde se trouve aujourd'hui à un carrefour, et l'humanité face à un choix. Elle a la liberté de choisir une voie ou l'autre.
L'une est celle de l'attachement à l'ancien – à l'argent, au travail, au matériel – et de la peur de perdre tout cela ; c'est le chemin du combat.

Ou bien, on choisit le nouveau monde – sans peur, sans
lutte, sans attachement – vivant simplement dans le
présent et ayant confiance en l'avenir, dans la gaieté,
la légèreté et la joie, en voyant le nouveau monde avec
les yeux de l'âme.
Le vieux monde ne mène nulle part. Le nouveau monde
mène à l'élévation de l'humanité et de la Terre, à la
guérison et à la paix.

12. La quête de « toujours plus » ne conduit ni à la gaieté ni
à la santé. Nous devons arrêter de lier notre bonheur et
notre joie à des choses extérieures, et les chercher en
nous-mêmes.
Une autre perspective sur nous-mêmes et notre vie – sur
notre relation aux autres, à la nature et aux ressources –
nous transforme et transforme le monde.
C'est là l'essentiel : nous voulons tous créer un monde
meilleur pour nous-mêmes, nos enfants et nos petits-
enfants. Comment y parvenir ? Cela commence à
l'intérieur de nous. Nous devons travailler sur nous-
mêmes. Le changement commence par une
transformation intérieure : davantage de cœur, d'amour
et d'humanité.

13. Lorsque nous sommes joyeux et dans la gaieté, nos
relations avec nos agresseurs, nos ennemis et notre
famille se guérissent. Nous les considérons alors comme

des amis et réalisons ensemble des projets qui apporte de la joie.

C'est un cercle vertueux : si nous sommes dans la joie, la joie revient vers nous. Et nous pouvons inspirer les autres à changer de perspective et à entrer dans la gaieté.

14. Imagine une situation où tu étais incroyablement heureux. Souviens-toi, par exemple, d'un moment de ton enfance où tu jouais sur la plage. Le soleil brillait, les vagues clapotaient. D'autres enfants étaient là avec des seaux, des pelles et d'autres jouets. Tu t'approchais, vous jouiez ensemble, construisiez un château avec les jouets.
Le soir, tu rentrais à la maison avec tes parents. C'était une belle journée, pleine de bonheur. As-tu voulu emporter les jouets avec toi ? Non ! Ils étaient là pour être utilisés – par tout le monde !

15. Imagine une autre situation où tu étais heureux – peut-être adolescent ou adulte. Tu étais amoureux. Qu'ont fait ces sentiments de bonheur en toi ? Les choses matérielles avaient-elles de l'importance à ce moment-là ? Ton éducation, ton travail, ta voiture, ton logement ? Étais-tu heureux grâce à l'amour ou grâce aux possessions matérielles ?

16. De quoi as-tu besoin pour être heureux ? Une voiture
(qui n'est là que pour être utilisée pour aller d'un point A à
un point B, pas pour rendre quelqu'un heureux – même
une Ferrari ne le peut pas) ?
De quoi as-tu besoin pour bien dormir ? Moi, j'ai besoin
de calme !
As-tu besoin d'un appartement en propriété pour cela ?
As-tu besoin d'une cuisine luxueuse pour préparer un
repas sain et savoureux ?
J'ai besoin de personnes autour de moi. Alors, je suis
heureux.
Ai-je besoin d'un grand appartement pour cela ? Non !
J'ai besoin de beauté. Et je la trouve, par exemple, en
voyageant en train, en observant les paysages
verdoyants, les fleurs jaunes, les montagnes, les lacs, et
en échangeant avec des compagnons de voyage
sympathiques.

17. Dois-je tout posséder : voiture, maison, cheval de
course, yacht à moteur ou à voile, résidence secondaire,
pour avoir de la joie ? Non !
De toute façon, je ne peux rien emporter de tout cela en
quittant la Terre.
J'ai besoin de certaines choses pour vivre. J'en ai besoin
pour les utiliser, mais dois-je vraiment les posséder ?
Est-ce que cela me rend plus heureux de les posséder ?
Peut-être que oui, parce que, depuis l'enfance, il existe
ce sentiment : « Ce n'est qu'en possédant des choses

que je peux me sentir bien. » Mais cela devient alors un problème psychologique !

18. Si nous sommes joyeux et dans la gaieté, l'argent croît également. Car nos anciennes actions négatives en rapport avec l'argent sont éliminées. Et un nouvel argent arrive à nous.
Et nous l'investissons dans des choses qui servent notre cœur et le monde, pas seulement pour un gain financier, mais surtout pour un gain immatériel : la joie – la joie de voir un investissement grandir, que ce soit dans les champs ou chez les êtres humains.

19. On nous a dit : si nous sommes dans la joie, l'argent croît également. Voici une métaphore :
Si nous plantons un arbre, lançons un nouveau projet, rencontrons un nouvel amour, etc., et que nous y apportons tout notre cœur, notre amour et notre esprit, alors l'arbre, la plante, le projet, l'investissement, l'argent croissent et s'épanouissent.
Avec notre conscience supérieure, tout ce dans quoi nous investissons grandit.
Le rendement est holistique : non seulement matériel, mais aussi immatériel : joie de vivre, santé, enthousiasme, légèreté et sens de la vie.

20. Quel est le lien entre l'argent et la légèreté ? Aucun !
Mais si nous changeons notre perception de l'argent, la

légèreté peut entrer en jeu. Pourtant, nous considérons l'argent comme quelque chose de « lourd ». Il est froid. Il ne procure pas de chaleur. Mais si nous rions et nous réjouissons, alors même l'argent se réjouit.

Si nous voulons accéder à la légèreté, nous devons voir l'argent avec gaieté. Alors, il viendra à nous avec légèreté et joie. Car nous lui donnons de la reconnaissance.

L'argent veut être « vu » et « considéré » – il veut être perçu comme une énergie. Alors, il revient vers nous, et souvent de manière démultipliée.

21. La chose la plus importante dans la vie : la santé mentale et la satisfaction. La satisfaction est la condition préalable à une santé mentale, émotionnelle et spirituelle. Si nous sommes satisfaits intérieurement, nous n'avons pas besoin d'accumuler autant de biens matériels à l'extérieur.

    Comment atteindre la satisfaction ?

    Il s'agit d'unir :

les valeurs intérieures et extérieures,

l'intérieur et l'extérieur,

le matériel et le spirituel,

l'énergie masculine et féminine,

l'individu et la société,

les hémisphères gauche et droit du cerveau.

Cela crée un équilibre (Yin/Yang). Et cet équilibre
génère l'harmonie – au sein des individus et entre eux.
Cela mène à l'harmonie.
À travers cette union, les gens atteignent une
conscience supérieure. Le résultat de ce changement de
perspective est : bonheur, joie, sens, satisfaction et
santé.

22. Conclusion : la source de la santé et de la guérison se
trouve en nous. Cette source, et donc le bonheur, se
découvrent par la compréhension de nous-mêmes et
par le focus sur notre richesse intérieure plutôt que sur
l'extérieur. Cette nouvelle mentalité, associée à un mode
de vie sain, mène au bonheur.
Si nous intégrons la lumière (= la fréquence la plus
élevée), l'amour et la légèreté dans nos vies, nous créons
de la joie, une satisfaction intérieure et de la santé.

23. Pour réussir à améliorer notre santé mentale et
spirituelle, un changement profond dans la façon de
penser de l'humanité est nécessaire. Nous devons
apprendre à vivre sainement, notamment :
- éviter la quête du « toujours plus » (plus de
  consommation, plus de profit, etc.),
- ne pas s'attacher à l'ego et aux valeurs matérielles,
- limiter l'usage du téléphone portable (nouvelles,
  distractions) et d'autres addictions,

- réduire le stress (dans la famille, au travail, dans les transports),
- éviter une mauvaise alimentation (excès de sel, sucre, fast-food),
- pratiquer une activité physique régulière dans la nature,
- dormir suffisamment,
- cultiver des pensées positives,
- méditer quotidiennement,
- sourire constamment.

24. Comment suis-je entré dans la gaieté et la joie ? Comment ai-je trouvé un bonheur intérieur ? En renonçant à l'ego, au matériel et à la recherche de reconnaissance ou de succès extérieur ; en exprimant ma gratitude pour ce que j'ai vécu ; en pardonnant ; en méditant ; en adoptant un mode de vie sain, etc.

Il n'existe pas de recette magique. Cela doit être vécu et ressenti. « Il n'y a pas de chemin vers le bonheur. Car le bonheur est le chemin. »

3. Chapitre : Découvre la force en toi

Tu es venu au monde pour contribuer à élever la conscience collective. Pour cela, il faut : entrer dans le silence et faire le travail intérieur !

Il ne s'agit pas pour l'instant de faire de grands pas à l'extérieur, mais de traverser d'abord les processus intérieurs. Et il s'agit ici de retrouver pleinement ta propre force, indépendamment de ce qui se passe à l'extérieur.

Libère-toi de tout ce qui t'empêche encore d'être dans ta force.

- Où as-tu encore des limitations ?
- Où as-tu encore des croyances qui te maintiennent petit ?
- Où des personnes sont-elles encore accrochées à toi, t'empêchant de te connecter pleinement à ta force ?
- Quels comportements as-tu encore qui ne te conviennent plus et ne te font plus du bien (regarder trop de nouvelles négatives, mauvaise alimentation, mauvaises habitudes de vie) ?

La vie te montre très clairement où tu dois encore avancer. Les anciens chemins ne fonctionnent plus. Alors ouvre-toi à cette nouvelle énergie qui veut émerger en toi et à travers toi dans ce monde !

Ton énergie pure, ta force originelle - la force qui peut tout transformer - est en toi. Mais tu as fermé les portes qui y mènent.

Maintenant, c'est le moment d'ouvrir à nouveau ces portes et de revenir véritablement à ta propre force, indépendamment de ce qui se passe à l'extérieur, indépendamment de ce que les autres autour de toi font ou ne font pas.

Il s'agit de toi. Il s'agit de ton chemin. Il s'agit de ta force. Aie le courage d'emprunter de nouveaux chemins, des chemins que personne n'a peut-être empruntés avant toi, mais qui veulent être empruntés maintenant !

(Texte de Henrike Pelaez)

Les signes pointent de plus en plus vers le changement. Qu'est-ce que tu n'as plus besoin d'avoir dans ta vie (peut-être des vieux schémas de pensées, des émotions négatives qui doivent être relâchées ; des personnes qui ne te font plus du bien ; des situations de vie qui doivent être changées) et qu'est-ce que tu veux inviter dans ta vie (peut-être plus de joie, des personnes avec des vibrations positives, de nouveaux projets qui t'aident toi et le monde) ? Prends un moment pour y réfléchir.

Plus que jamais, un changement de mentalité est nécessaire. Il est temps de laisser aller les vieilles blessures et de s'éveiller à son être authentique. Demande-toi : qui suis-je vraiment - qui suis-je avant que le monde (parents, société) ne commence à me "programmer", avant que je ne me sois adapté pour satisfaire mes parents, la société ? Quel est mon "moi authentique" ?

Tout changement commence en nous. Je t'invite à sortir de ta zone de confort avec moi. À laisser derrière toi les anciens schémas de pensées et d'émotions. Et surtout : à laisser aller ton passé. Pas le bon. Mais ce qui t'empêche d'être dans TA force et entièrement authentique dans TON énergie. Seulement en laissant aller le passé, une nouvelle future peut s'ouvrir à nous. Et nous en avons tant besoin dans ce monde. Sortir des anciens schémas (de réaction), entrer dans une nouvelle légèreté et joie. Et cela demande du courage. Le courage de quitter les sentiers battus et d'emprunter de nouveaux chemins. Être un pionnier, un précurseur. Syntonise-toi avec une nouvelle fréquence, crée de nouvelles perspectives et permets-toi chaque jour de plus en plus de vivre dans ta force propre !

Ensemble, nous arriverons à laisser le passé derrière nous et à façonner un nouvel avenir pour nous tous. Tout commence toujours par la prise de conscience de vouloir changer quelque chose dans sa vie. Savoir ce que l'on veut laisser aller et ce que l'on veut inviter à la place. Alors, prends un moment de calme pour te poser les questions ci-dessus.

Ensuite, on fixe intérieurement une intention puissante pour se réorienter. Par exemple : "J'ai l'intention de me débarrasser de mes peurs et limitations cette année pour activer mes potentiels et vivre une liberté nouvellement acquise. Pour cela, je souhaite m'entourer davantage de personnes positives qui m'inspirent et m'aident à être dans ma force."

Et maintenant vient la partie la plus importante : le "travail" intérieur quotidien. Oui, il est nécessaire de faire quelque chose chaque jour pour que les changements positifs puissent se produire. Ce que tu fais dépend fortement de ton intention. Comme chaque changement commence à l'intérieur, il serait optimal de regarder à l'intérieur : que puis-je faire pour être dans une bonne énergie ? Qu'est-ce qui m'aide à me reconnecter à ma force ? Et il y a une infinité de possibilités : promenades, chanter des mantras, méditer, faire un jeûne de nouvelles et de médias, assister à des séminaires pour se laisser inspirer, écouter de la musique guérissante, rire, danser, chanter...

Je crois en un nouveau monde. Je crois que c'est précisément maintenant le bon moment pour laisser derrière nous le passé et retrouver enfin notre force originelle. Et plus il y a de gens qui ont le courage de suivre ce chemin, de se libérer des anciens schémas de pensées et d'émotions, de laisser aller le passé pour découvrir qui ils sont vraiment et tout ce qu'ils portent en eux, plus rapidement un changement positif deviendra visible sur cette Terre.

(Texte de Henrike Pelaez)

Nous portons tous une magnifique fréquence d'âme en nous. Mais nous nous sommes tellement empêtrés dans les complications mondaines que nous avons complètement oublié qui nous sommes réellement.

Il y a actuellement tant de lumière qui arrive sur Terre, offrant ainsi des possibilités insoupçonnées. Jamais il n'a été aussi facile de laisser derrière nous toutes les limitations. Il s'agit de se reconnecter à une nouvelle, et en fait très ancienne, fréquence de vibration. Ne plus valider les anciens rôles, histoires et concepts, mais avoir le courage de suivre de nouveaux chemins. TES chemins !!!

Remets en question tout ce que tu tiens pour vrai, car cela peut désormais perdre sa validité et une nouvelle vérité, plus élevée, peut se révéler ! Deviens vide – c'est seulement ainsi que le nouveau pourra arriver. Et puis observe ce qui, de ce vide, veut émerger à travers toi dans le monde !

Combien de concepts, rôles et identifications portons-nous en nous, qui ne nous appartiennent en réalité pas du tout ? À un moment donné, on nous a dit comment nous devions être (pour être aimés par nos parents, pour s'intégrer dans la société ou à l'école) et comment nous ne devions pas être.
On nous a réduit au silence quand nous étions "trop audacieux" et on nous a demandé de "devenir quelqu'un" (nous éloignant ainsi du sentiment pur d'être "suffisant"). Ma grand-mère insistait toujours pour que je sois sage, diplomate et soignée. Mais au fond, j'étais sauvage, joueuse et directe :) Quelles caractéristiques ont été étouffées en toi ?

As-tu le courage de te tenir vraiment dans ta vérité ? Ou as-tu peur de te montrer ? Sais-tu encore quelle est ta vérité ? Qui es-tu et qu'est-ce qui te définit dans ton essence ?

Quels rôles (femme / homme, mère / père, employé(e), etc.) as-tu endossés qui ne correspondent pas réellement à ton essence ? Tout ce que nous avons appris, tout ce à quoi nous nous identifions, est-ce vraiment vrai ?

Qu'est-ce que tu veux réellement apporter dans ce monde ?

« Si tu fais quelque chose que tu ferais même sans être payé, et que cela te comble, mais que tu le fais si bien que les autres sont prêts à payer pour cela, c'est un indice que tu as trouvé ta mission de vie ! »

Ce que c'est… cette réponse est en toi… et tu ne la trouveras qu'en laissant tomber tout ce que tu n'es pas et en entrant dans le silence !

Laissons de côté, pour un instant, tous ces rôles, concepts, idées et identifications. Tout cela n'est pas ce que nous sommes vraiment. Enlevons couche par couche, mur par mur (nous avons construit des murs protecteurs / des murs du cœur à cause des nombreuses blessures) et découvrons qui nous sommes vraiment. Entièrement libres. Entièrement authentiques. Entièrement vrais. Dans ce cas, sans prendre en compte les autres. Car ce genre de considération ne fait que continuer à nous restreindre. Retrouver ton véritable noyau te donnera automatiquement plus d'amour. Plus de joie. Plus de force. Et plus de paix. Pour toi et pour les autres !

Mais ne te laisse plus retenir par des personnes qui vibrent différemment de toi. En leur compagnie, tu dois abaisser ta vibration, diminuer ta lumière. Il est temps de se réveiller. De te souvenir de tes champs vibratoires élevés - et de redevenir authentiquement toi-même. Ainsi, tu changeras ton petit monde - mais aussi le monde entier.

Le temps des petits pas est révolu. Aie le courage d'apporter les grandes choses sur cette Terre. Et ici, le travail commence toujours à l'intérieur : nous déconstruisons nos limitations et restrictions intérieures – ainsi de nouveaux (anciens) espaces s'ouvrent en nous, et automatiquement – si nous sommes prêts à abandonner les désirs de l'ego – le changement peut arriver dans nos vies, un changement qui est nécessaire pour nous mais aussi pour tous les autres !
Aie le courage de laisser tomber tes limitations et les désirs de ton ego, et vois alors ce qui est en toi !

(Texte de Henrike Pelaez)

« Le courage n'est pas l'absence de peur,
mais le triomphe sur elle. »
Nelson Mandela

Toi seul as le pouvoir, l'expérience, l'amour et la capacité de maîtriser ta vie. La force est là. Elle repose au fond de toi et attend ton réveil. Ressens cette force en toi. Ressens ton cœur et ton âme, et laisse cette force s'écouler de toi. Ne cherche plus à l'extérieur. Tu es suffisant pour toi-même. Et tu trouveras en toi tout ce dont tu as besoin. Fais confiance à ta propre force. Ainsi, tu trouveras :

- Courage
- Sérénité
- Compassion
- Patience
- Force de conviction
- Volonté.

Aie confiance que tu en es capable.
Et ouvre-toi à tes ombres, non pas pour les éliminer, mais pour les observer avec amour et les maîtriser en douceur. Transforme tes ombres en force. Tu peux les transformer si tu les acceptes, les respectes et les embrasses avec amour. Seule une chose que nous rejetons en nous peut nous détruire. Ce que nous aimons et acceptons en tant que partie de nous-mêmes nous renforcera et nous protégera.

4. Chapitre : Les défis du bonheur

Tout le monde souhaite ressentir la joie de vivre, la satisfaction de la vie, la joie, la légèreté, l'enthousiasme, l'humour, la curiosité, la créativité, la spiritualité et la sagesse.

La science dit que l'être humain est composé à 80 % d'émotions. Et celles-ci ne sont pas toujours positives. Les sentiments négatifs ont généralement mauvaise réputation. La colère peut mener à des dépassements de limites, la jalousie peut détruire des relations, et personne ne veut être constamment entouré de personnes qui émanent tristesse et lourdeur. Ces sentiments difficiles restent souvent cachés, car il est difficile pour beaucoup de parler de ce qu'ils ressentent. Pourtant, les émotions négatives peuvent nous donner des indications importantes sur nos besoins.

Nous devons donc apprendre à prendre conscience de nos émotions et à les maîtriser. Sinon, elles joueront à la roulette avec nous ou danseront le tango. Et nous devons apprendre à parler de nos émotions.

Je n'ai pas pu parler de mes émotions quand j'étais enfant, ni même adolescent. Ce n'est qu'après être arrivé en Amérique latine, y avoir vécu longtemps, et avoir vu comment les gens y exprimaient leurs émotions de manière naturelle, que je suis devenu plus ouvert. Moi aussi, j'ai commencé à montrer ce que je ressentais.

Nous devons apprendre à reconnaître nos émotions face à notre famille. Les émotions refoulées durant mon enfance et mon adolescence ont ressurgi petit à petit. Des situations familiales ont fait surface, ainsi que des provocations qui ont déclenché chez moi de la colère, de l'agression, de la rancœur et de la tristesse. On me rabaissait, on ne m'écoutait pas, on m'excluait, on me considérait comme stupide – sans être sournois, avide ou immoral comme le reste de ma famille.

J'étais parfois en colère contre mes collègues ou ma famille parce qu'ils mettaient des obstacles mensongers sur mon chemin. Ainsi, je n'ai pu être ni joyeux ni heureux, ni avant mon séjour en Amérique latine, ni après. J'écrirai plus en détail sur ce sujet dans le chapitre 6.

Mais ce n'était pas seulement la situation familiale qui m'empêchait d'être heureux, c'était aussi le travail et la vie en général. On ne m'avait pas accordé de compensation financière pour mes performances exceptionnelles à la banque. Cela a été un combat de six mois. J'étais irritable et agressif, je ne pouvais pas dormir pendant des nuits entières.

Beaucoup de gens rencontrent au cours de leur vie des obstacles au bonheur. L'un de ces obstacles est leur propre ambition. L'ambition peut se manifester dès l'enfance ou l'adolescence, et elle prend certainement forme lors de la formation et de l'entrée dans la vie professionnelle. L'être humain veut atteindre telle ou telle chose – un poste plus élevé dans l'entreprise, un salaire plus élevé, un appartement, une voiture, fonder une famille, avoir plus de vacances...

Lorsque les souhaits ne se réalisent pas, certaines personnes deviennent agitées, irritées, stressées. Et le bonheur ne peut alors pas occuper le devant de la scène.

Un autre sujet est la frustration, que j'ai moi-même souvent éprouvée. Pourquoi ressentons-nous de la frustration ? Ce sont les attentes non réalisées qui nous frustrent, par exemple mes attentes non satisfaites en matière de contrats commerciaux, d'acquisition de nouveaux clients, de gains sur des actions ou de profits, d'échecs dans l'amour, etc.

Conclusion : nous devons nous débarrasser des énergies qui ne nous font pas de bien. Nous devons aussi remettre en question et reconsidérer les croyances que nous avons apprises dans notre enfance. Beaucoup de nos problèmes et défis d'adultes trouvent leur origine dans notre enfance – notre éducation, nos expériences, nos parents. Cela va jusqu'aux actes criminels. Un enfant qui a été victime de violence domestique, de maltraitance sexuelle ou d'autres expériences traumatisantes pourrait les reproduire à l'âge adulte.

Les troubles psychologiques de l'enfance nécessitent une guérison avant qu'ils ne fassent de l'enfant un agresseur à un âge plus avancé. Nous devons aussi aborder ces questions dès l'école et mettre en place des mesures de prévention. Il s'agit ici de changer notre façon de penser, de s'attaquer non plus aux symptômes, mais aux causes.

Aujourd'hui, nous devons aider les jeunes qui, en raison de traumatismes vécus pendant l'enfance ou même in utero, ont été poussés à ressentir de la colère, de l'agressivité et de la haine. Nous devons éviter qu'ils ne prennent plus tard les armes pour faire subir leur souffrance à d'autres. Ces personnes doivent bénéficier d'une prise en charge psychologique. Leur âme cherche peut-être à ressentir ce que c'est de prendre la vie d'autrui. Si des jeunes, ou moins jeunes, en viennent à prendre des armes et blesser autrui, c'est qu'il y a un déséquilibre intérieur. Ces problèmes doivent être traités et la cause identifiée.

Comme mentionné précédemment, il faut intervenir dès la petite enfance, observer et sensibiliser les enfants et les parents à ces questions. Plus tard, à l'école, il faut enseigner sur les conflits familiaux et leurs répercussions psychologiques, et mettre en place des mesures de prévention avant que la violence n'explose.

Nous devons donc accorder plus d'attention au développement et à l'attachement précoces, afin que les enfants puissent mieux affronter leur vie future et éviter de reproduire les mêmes schémas observés chez leurs parents.
L'énergie de notre foyer ne nous quitte pas automatiquement lorsque nous le quittons. Elle voyage avec nous. À un moment donné, nous devons nous séparer des énergies destructrices.
La santé mentale est donc un sujet extrêmement sensible – pas seulement pour les adultes, mais cela commence dès l'enfance.

Il existe aussi d'autres blessures émotionnelles chez des personnes qui, enfants, n'ont pas été "vues" par leurs parents. Ces enfants ont certes été soignés, mais ils ont été abandonnés émotionnellement : "Qui suis-je ?", "Que puis-je accomplir ?", "Qui m'aidera à être courageux et confiant ?". Ces enfants n'ont pas subi de violence, ils n'ont pas été maltraités, mais ils portent des blessures en eux qui sont subtiles et qui resteront en eux jusqu'à la fin de leur vie. Ce sentiment profond d'abandon peut se prolonger. Cela conduit à se lancer dans des actions effrénées, à boire, ou à d'autres comportements comme le jeu. Nous devons affronter nos traumatismes.

Les blessures émotionnelles sont parmi les plus grandes difficultés que l'on puisse rencontrer. Elles ne nous rendent pas heureux.

Nous n'avons pas à répéter les schémas qui ont marqué notre enfance et qui nous ont empêchés d'être heureux. Nous devons reconnaître et nommer les blessures de notre enfance. De nombreux adultes sont préoccupés par les questions d'amour, d'enfance et de relations : comment nous aimons, comment nous luttons dans nos relations – tout cela est lié à notre enfance.

Beaucoup de problèmes relationnels sont le reflet de blessures non résolues de l'enfance. Par exemple, lorsque le père observe son enfant pendant un sport et se met en colère à cause des erreurs de l'enfant. Certains parents qualifient alors l'enfant de sans valeur.

Les enfants ne comprennent pas que les adultes luttent avec leurs propres conflits lorsqu'ils les grondent. Ils ne réalisent pas que la colère de leurs parents ne les concerne que partiellement – un malentendu fatal, car de ces blessures naissent des croyances que nous adoptons sans nous en rendre compte. Par exemple :

- Je ne suis pas assez bien
- Je dois être parfait pour être aimé
- Je n'ai de valeur que si j'accomplis quelque chose
- Je ne peux faire confiance à personne.

Nous devons faire la paix – avec nous-mêmes et avec les membres de notre famille. Nous portons en nous de nombreuses blessures – des blessures qui proviennent de notre famille/ancêtres et de notre enfance. Nous devons comprendre que nos parents et grands-parents ont eux aussi souffert de ces blessures. Quelle que soit notre enfance, nos parents et grands-parents ont également souffert.

Nous portons cela dans notre système (jusqu'à un âge avancé). Ces blessures doivent être guéries. Nous devons nous en libérer, par exemple des blessures émotionnelles, ne pas être vu, être laissé seul, l'absence émotionnelle de la mère/du père, ne pas être aimé, etc.

Il y a donc de nombreux obstacles qui empêchent une personne d'atteindre le bonheur. Si les gens se disputent, s'ils sont en colère et furieux, frustrés ou envieux, s'ils veulent toujours plus sans jamais être satisfaits, et surtout s'ils ont peur (et il existe de nombreuses sortes de peurs), ils ne peuvent pas être heureux.

Être satisfait de peu rend heureux. Cela élimine le besoin d'en vouloir toujours plus, de consommer. Cela élimine aussi l'envie de faire des achats par frustration, que beaucoup de femmes aiment faire. Simplement faire une pause – sentir le calme en soi – savourer un rayon de soleil. Cela rend heureux.

> « Celui qui a trouvé une fois sa véritable nature
> ne peut plus rien perdre sur cette terre. »
> Stefan Zweig

Un autre exemple de manque de bonheur profond se trouve en Suisse. Bien que ce pays soit l'un des plus riches au monde, et donc ses habitants aussi, je pense qu'ils ne sont pas vraiment heureux.
Il y a plusieurs raisons à cela, et elles trouvent leurs racines dans l'histoire du pays et dans les familles dans lesquelles la génération actuelle est née. Cela signifie que leurs parents et ancêtres n'ont pas non plus vécu et ressenti un bonheur profond.

Comme ma formation est dans le domaine de la finance, je regarde particulièrement cette question à travers ce prisme. L'argent occupe une place importante chez les Suisses. Mais on n'en parle pas. C'est un sujet tabou.

À mon avis, c'est l'une des causes du manque de vrai bonheur. D'une part, on se concentre sur l'argent. Et d'autre part, cet argent n'est pas toujours «propre». Les médecins dans les cliniques psychiatriques ne se sont pas encore penchés sur ce sujet de l'argent et sa corrélation avec les maladies mentales. J'ai attiré l'attention de certains sur cette question.

La Suisse possède le plus grand marché offshore pour les fonds internationaux. Mais tous ces fonds internationaux n'ont pas été obtenus de manière honnête. Cela n'intéressait ni les Suisses, ni les banques, avocats, notaires, fiduciaires suisses. Ce n'est que ces dix à vingt dernières années qu'on a commencé à prêter une plus grande attention à l'origine des fonds. Mais il existe toujours des consultants qui dissimulent les fonds douteux par des structures opaques.

Les fonds des tsars russes au début du siècle, les fonds de la Perse dans les années 1930, les fonds kurdes, les fonds juifs pendant la Seconde Guerre mondiale ainsi que les fonds d'autocrates africains et latino-américains, et des oligarques russes – tout cela a atterri en Suisse. Nous savons qu'une partie de ces fonds est tâchée de sang. Cela a des répercussions sur le pays et sur l'état d'esprit des Suisses.

Il y a aussi de nombreuses organisations et entreprises internationales – dont beaucoup sont basées à Genève ou à Zoug. Là encore, des pratiques commerciales non morales et non éthiques sont souvent appliquées, générant ainsi de l'argent qui n'est pas «propre». Cela pèse sur l'âme de la Suisse et des citoyens suisses.

En troisième lieu, il faut mentionner l'appropriation des fonds d'autrui par des Suisses. Un jour, j'ai entendu un Suisse dire à un autre : « Sois content qu'Hitler ait existé. » Au début, je ne comprenais pas ce qu'il voulait dire, mais plus tard, tout est devenu plus clair. Certains Suisses allemands étaient du côté d'Hitler, d'autres non. Mais Hitler, ou la guerre, ont enrichi certains Suisses, quelle que soit leur opinion – des particuliers, des entreprises et des institutions – raffineries d'or, Monsieur Emil Bührle, etc.

Les fonds que des Allemands et d'autres nationalités avaient confiés aux banques, aux compagnies d'assurance, aux avocats ou aux fiduciaires suisses n'ont été restitués à leurs héritiers qu'à condition que la preuve soit apportée à 100 %. Mais les héritiers n'avaient souvent pas de preuves.
En effet, les détenteurs des comptes étaient morts dans les camps de concentration. Pendant la guerre, toutes les correspondances (relevés de dépôt et de compte, documents de coffre-fort, etc.) étaient gardées par les banques pour des raisons de sécurité. Ainsi, les héritiers ne possédaient aucun

document bancaire prouvant l'existence d'un compte en Suisse appartenant à leur famille.

Les banques suisses, les avocats, etc., se sont beaucoup alourdis de culpabilité en faisant de la fortune de leurs clients leur propre bien. La morale et l'éthique ne jouaient aucun rôle. Les honorables banques, compagnies d'assurance, avocats, ainsi que le capital initial de certaines des familles suisses les plus riches sont entachés de sang et de mort des propriétaires originels de ces fonds.
Les descendants de ces Suisses portent le fardeau de leur famille. Le taux élevé de suicide parmi les jeunes suisses et leurs dépressions sont en partie dus à l'acquisition non honorable du patrimoine familial d'origine.

Les troubles psychologiques ne sont pas les seules conséquences. La retenue générale, la discrétion et le secret des Suisses sont, à mes yeux, également liés à l'origine peu éthique de ces fonds. Ce caractère introverti, peu ouvert, mystérieux, surtout chez les Suisses alémaniques, est lié à leur passé. Cela est en corrélation avec le fait de garder, gérer et ne pas restituer des fonds étrangers.

On ne parle pas d'argent. On reste silencieux. Parce qu'on a quelque chose à cacher. Et cette dissimulation laisse une empreinte sur l'âme. Elle n'est pas libre. Elle ne se sent pas libre. Elle est entravée – comme beaucoup de Suisses.

Et cela se ressent, se perçoit, jusqu'à la génération actuelle : crispée, repliée sur elle-même, pas détendue. Bien sûr, d'autres facteurs sont également en jeu. Mais la maison familiale et la question de l'argent ont une grande influence. On n'a jamais appris à se prendre dans les bras. Les enfants manquent d'une étreinte affectueuse – de cet amour ressenti.

Si une causalité existe entre l'acquisition de fonds non éthiques, ou l'appropriation de fonds de clients, et le manque de bonheur profond chez les Suisses, cela pourrait faire l'objet d'un projet de recherche pour une université ou une fondation suisse. Il y a des années, j'ai évoqué ce sujet avec l'Institut Max-Planck à Munich.

Aujourd'hui, des valeurs comme la morale, l'éthique et la durabilité ont pris de l'importance dans la conscience de plus en plus de gens, ainsi que des entreprises, et font partie des règles du jeu de la nouvelle ère – dans le monde entier. Peut-être serait-il utile de transformer « l'éthique et la morale » en « éthique et spiritualité », et de prendre un tout nouveau chemin (au lieu d'utiliser le pouvoir pour des gains personnels), de grandir au-delà de notre « moi » et de prendre le rôle de gardien de la planète. En effet, le véritable pouvoir réside dans la création commune et non dans la domination, l'ego et le profit.

Si ce chemin est suivi en Suisse et que l'argent est traité différemment – au profit des gens (voir aussi chapitre 7) – alors la joie et la gaieté fleuriront bientôt parmi les Suisses.

« De nouveaux chemins se créent en les parcourant. »
Friedrich Nietzsche

J'ai beaucoup de compassion, surtout pour la jeune génération – les élèves, les étudiants, etc., non seulement en Suisse, mais aussi dans de nombreux pays à travers le monde. Comme je l'ai entendu lors de mes entretiens avec les représentants de différents pays durant une retraite en Inde, ils sont stressés et ne sont pas vraiment heureux. Une professeure anglaise qui enseigne dans une université en Afrique et qui a récemment été invitée à donner une conférence à l'ETH de Zurich m'a dit que je devrais apporter du bonheur et de l'humour à l'ETH. En effet, les cours y sont très sérieux – comme dans de nombreuses universités à travers le monde, selon elle.

« Le bonheur, c'est ce sentiment intérieur de joie
qui naît de l'harmonie avec son propre destin. »

Dans ma vie, j'ai rencontré diverses personnes qui rayonnaient de bonheur, par exemple Bojana. Dans une piscine publique à Zurich, je vois un être angélique assis qui profite des rayons du soleil sur son visage. Ses yeux sont fermés et elle sourit tout le temps. Je l'observe et je me demande ce qu'elle pense intérieurement. Je ressens en tout cas un équilibre total entre son intérieur et son extérieur. Je m'adresse à elle et engage la conversation. Plus tard, nous rentrons chez nous ensemble et échangeons nos expériences de vie. Quel cadeau merveilleux que j'ai reçu cet après-midi-là.

Ou encore la caissière d'une chaîne de supermarchés. Elle sourit constamment. Quelle joie de venir dans ce supermarché et de voir le sourire de cette personne ! Elle a toujours un mot aimable pour chaque client. Elle salue tout le monde à sa caisse chaleureusement et affectueusement. Je lui ai demandé comment elle avait réussi à être ainsi. Elle m'a répondu qu'elle était joyeuse, heureuse et satisfaite depuis son enfance. Mais elle m'a aussi dit de ne pas croire qu'elle n'avait jamais traversé des épreuves. Beaucoup, en fait.

Par exemple, lorsqu'elle était enfant, elle a menti plusieurs fois. En conséquence, son père l'a sévèrement punie. Elle a dû s'agenouiller pendant des heures sur des grains de riz jusqu'à ce qu'elle dise la vérité. Les grains de riz étaient très douloureux. Elle s'est juré de ne plus jamais mentir. Comme il est merveilleux de voir des personnes aussi joyeuses après de telles épreuves !

Une de mes connaissances m'a parlé de son premier mari. Il voulait qu'elle reste à la maison, près des fourneaux. Ils n'avaient pas d'enfants. Elle ne pouvait donc pas travailler ni faire de carrière. Il gagnait suffisamment.

Après huit ans de mariage, il l'a quittée sur les conseils de son enseignant spirituel. Elle se retrouvait sans rien. Elle avait maintenant 30 ans, pas d'argent, pas de logement, et aucun sentiment de confiance en elle, car son mari l'avait toujours rabaissée. Mais quelque chose l'a poussée à ouvrir sa propre boutique de robes de mariée. Elle l'a fait et, avec le temps, elle a gagné en confiance et en estime de soi, ce qui lui a ensuite permis de trouver de bons emplois et de générer de bons revenus.

Aujourd'hui, elle aimerait remercier son premier mari, car grâce à lui – grâce à son contrôle sur elle – elle a trouvé le courage d'ouvrir une entreprise, ce qui lui a permis de reprendre confiance en elle et de gagner sa propre vie. Elle est très heureuse d'avoir fait cette expérience avec son premier mari. Sans lui, elle ne serait pas là où elle est aujourd'hui. Sans lui, elle n'aurait jamais connu ni vécu ce qu'il y a de bon dans la vie.

En résumé : même si, sur le moment, on est en colère ou triste, avec du recul, c'était un avantage. « Le bien se présente parfois sous un déguisement déplaisant », dit-elle aujourd'hui.

Moi aussi, je suis reconnaissant envers ma femme qui m'a quitté il y a 14 ans, car cela m'a libéré et m'a permis de suivre « mon » chemin, qui est différent du sien.
Les enfants, ou les âmes, qui naissent de couples qui finissent par se séparer sont censés être conçus par ce père et cette mère. Ils ont quelque chose à apprendre – de l'un et de l'autre. C'est mon avis depuis de nombreuses années. En même temps, ces enfants doivent être chéris par leurs deux parents, et l'amour qu'on leur porte doit leur être exprimé régulièrement, par exemple en les prenant affectueusement dans ses bras ou en leur disant des mots d'amour.

Aujourd'hui, de nombreuses relations échouent parce que la dimension intérieure n'est pas développée. Lorsqu'il n'y a pas d'échange authentique sur les humeurs, les sentiments, les désirs, les intuitions, les sensations, les doutes, les peurs, les inspirations ou les rêves, la relation s'appauvrit. L'occupation constante ne peut pas combler le vide intérieur. La réalité extérieure est consommée jusqu'à l'excès. Mais où est passée la vie intérieure, l'expérience intérieure ?
Un nouveau courant se dessine toutefois : les « Inner Development Goals » (objectifs de développement intérieur). J'en parlerai davantage à un autre moment.

Une autre histoire concerne deux jeunes femmes qui souffrent des effets secondaires du vaccin contre le Covid-19 sous différentes formes : l'une souffre de rhumatismes (à 35 ans), l'autre de problèmes artériels et de dommages organiques. L'une d'elles avait également eu un cancer auparavant. Pour beaucoup, cela n'est rien de spécial. Ce qui est particulier et admirable, c'est que toutes deux rient ! Toutes deux sont joyeuses et heureuses. Elles ont quitté leur lieu de naissance pour s'installer dans un bel endroit au bord du lac de Constance et sont plus que satisfaites de leur vie – malgré leurs maladies et leur conscience qu'elles n'auront probablement pas une longue vie.

Dans le chapitre 8, je parlerai d'une autre personne qui a transformé ses défis en amour et en lumière, et qui est ainsi parvenue au bonheur.

5. Chapitre : Comment atteindre le bonheur ?

Viktor Frankl et Friedrich Nietzsche se sont penchés sur la question du SENS. Cette question est cruciale, surtout lorsqu'une crise (crise existentielle) survient. Et aujourd'hui, nous vivons une époque de crises. Il est donc utile de nous tourner vers l'autre aspect de la vie – le côté joyeux, entre autres "Comment atteindre le bonheur" et "Comment parvenir à la légèreté de l'être", qui nous apporte joie, satisfaction et sentiment de bonheur. Car inquiétudes et peurs nous entourent chaque jour.

Le bonheur est un sentiment. Et nos pensées contrôlent nos sentiments. Nous devons donc prêter attention à nos pensées et les observer. Les pensées négatives apparaissent, mais nous les laissons passer. Nous nous concentrons sur les pensées positives, même si les négatives sont plus nombreuses.
Nous nous concentrons sur les pensées positives, notamment en renonçant aux informations, aux médias, au stress, aux dépendances, à l'ego, et en nous réjouissant des petites choses : le soleil, la nature, le sourire des autres, l'amour de nos enfants.

Nous devons nous demander : "**De quoi suis-je heureux ?**"
Ma réponse, par exemple :
- Chaque matin, je me lève avec joie.
- Je ne suis ni abattu ni démotivé.
- Chaque jour, je me réjouis du soleil (même s'il est invisible).

- Je suis en bonne santé et discipliné.
- J'ai deux enfants heureux.
- Je me réjouis de mes dons, talents et expériences.
- L'un de mes dons est d'entrer en contact avec les gens de manière ludique.
- Je ne suis plus stressé à l'idée de chercher des clients et d'atteindre les objectifs fixés par un employeur.
- Je me suis détaché des biens matériels, et je n'ai pas de désir de posséder plus. *J'ai possédé une belle maison, une Mercedes, et bien d'autres choses.*
- Je ne me soucie pas de ce que demain apportera, si je dois déménager ou... La bonne chose viendra à moi. Je suis détendu et sans stress.
- Je suis heureux de donner du soleil aux autres chaque jour.

Ce bonheur me remplit d'une immense gratitude.

Alors : Comment être heureux, sans peur ni souci ?
- Joie, plaisir, légèreté au lieu d'insatisfaction, d'inquiétude et de stress.
  Les obstacles : l'ego, l'ambition, les schémas familiaux, les peurs.
- Appréciation. Gratitude. Pardon *(envers nous-mêmes, la famille, les personnes qui nous ont blessés).*
- Création significative. Pas de perfectionnisme.
- Alimentation, mouvement, sport.
- Nouvelle approche de l'argent. Se débarrasser du poids matériel.

Beaucoup de gens aimeraient porter cette légèreté en eux et rayonner de joie. Mais quelque chose les en empêche. Ces obstacles remontent à leur enfance, comme nous l'avons vu dans le chapitre précédent. Trop de choses se sont produites, les empêchant de se libérer de leur corset actuel (prison mentale). Ils ne se sentent pas libres de laisser libre cours à leurs émotions. Leurs sentiments sont enfermés. Car la société dicte les lignes directrices et les objectifs à suivre. Les parents en ont informé l'enfant dès son plus jeune âge. De nombreuses croyances et schémas de comportement trouvent également leur origine dans notre enfance.

Qu'est-ce qui est le plus beau pour un enfant, qui le fait s'épanouir émotionnellement ? Jouer – simplement jouer, laisser libre cours à sa créativité et à ses émotions, sans que les parents ou supérieurs ne restreignent l'enfant dans son jeu – ni dans le temps, ni dans l'espace. Et en jouant, l'enfant trouve et ressent de l'enthousiasme. Ainsi grandissent la confiance, la joie, l'amour et la gratitude.

Nous devons redevenir des enfants, laisser libre cours à nos pensées et nos émotions, être les gardiens de l'or et de la terre, jouer au clown et faire ce qui nous amuse. Nous devons encourager les autres à nous suivre comme des clowns et à être joyeux, et à rendre les autres heureux. Ainsi, nous diffusons notre bonheur dans le monde, qui est tellement sérieux. Car il ne s'agit plus de ce que nous faisons dans la vie réelle, il s'agit d'être heureux et joyeux.

Nous sommes invités à nous connecter avec **notre enfant intérieur**, symbole de pureté et d'émerveillement. Cette démarche nous encourage à redécouvrir notre innocence d'enfant – un état avant que notre perception ne soit obscurcie par la complexité de la vie.

Aujourd'hui, il s'agit de voir le monde avec des yeux neufs, comme un enfant qui s'émerveille devant les mystères de la vie, sans être alourdi par les préjugés et les idées préconçues.

Mais comment pouvons-nous revenir à cet état d'innocence lorsque notre esprit est chargé de connaissances, d'expériences et de réalités ? La clé réside dans l'apprentissage de calmer notre esprit et de se débarrasser des couches d'informations accumulées, des tâches et des attentes de la société. De cette manière, nous nous ouvrons à une vie plus douce, plus bienveillante et plus épanouissante.

Permettons aujourd'hui à l'innocence de l'enfant en nous de guider nos perceptions. En faisant cela, nous ouvrons la voie à un voyage rempli de surprises, de joie et du potentiel illimité de voir le monde avec des yeux neufs.

Cependant, nous serons bientôt de nouveau confrontés à la vie quotidienne, qui nous rappellera les côtés négatifs de la vie, y compris les traumatismes, les enchevêtrements, etc. Ceux-ci sont stockés dans notre subconscient. Pour faire le voyage de l'enfant à l'adulte et revenir à l'enfant avec légèreté, il est nécessaire de travailler et de résoudre ces aspects négatifs en nous, car ils entravent notre bonheur. Pour cela, nous devons nous pencher sur notre subconscient.

Notre subconscient est particulièrement programmé entre la conception et l'âge de sept ans avec des émotions et des souvenirs. Dès la naissance, nous classons le monde en bonnes et mauvaises expériences. Le subconscient stocke cette classification et la rend plus tard réelle pour la conscience.

Comme nous le savons, le subconscient est 1 000 fois plus puissant que la conscience. Si le subconscient est si puissant, qui ou quoi le contrôle alors ?
La source de tout ce qui nous tourmente réside dans nos sentiments refoulés, nos blessures et nos peurs, ainsi que dans les expériences non traitées que nous retenons dans notre système nerveux. Derrière chaque stress, chaque symptôme, chaque schéma de maladie – qu'il soit psychique ou physique – se cachent des émotions et des souvenirs enfouis dans notre subconscient. Lorsque ces souvenirs sont réveillés, notre corps réagit par un stress négatif.

Nous pouvons déclencher une réaction de stress par la seule pensée. Il suffit que nous pensions à quelque chose de profondément ancré en nous pour que le souvenir de situations passées s'éveille et devienne aigu et réel. En effet, notre cerveau fonctionne avec des images. Cela fait surgir une pensée qui déclenche une émotion. En conséquence, notre fréquence cardiaque augmente, et nous devenons plus anxieux.

Le cœur de tout stress et de toute maladie réside dans les sentiments et les souvenirs, c'est-à-dire les perceptions traumatiques enfouies dans notre subconscient. Nous devons comprendre que nos émotions, tout comme le corps humain, sont de l'énergie.

Nos pensées génèrent nos sentiments. Et nos sentiments contrôlent notre comportement. Si l'un de nos sentiments est très intense, nous ressentons en réalité une énergie vibratoire. Chaque sentiment vibre à sa propre fréquence spécifique. La colère est une énergie émotionnelle différente de la frustration ou de la tristesse.

Ces sentiments ont chacun des énergies vibratoires distinctes. Lorsqu'une émotion est intense, elle peut saisir tout notre être avec cette vibration. Et parfois, la vibration est trop forte et l'énergie reste coincée dans le corps. Une émotion bloquée dans le corps est une boule d'énergie. Elle peut se loger n'importe où dans le corps et perturber le champ énergétique normal.

Dans l'Antiquité, il était bien connu que les émotions négatives étaient stockées partout dans le corps. Elles influencent les fonctions émotionnelles et anatomiques du corps. Les sentiments se condensent, et plus ils deviennent forts, plus nous avons tendance à les repousser. On nous a appris à résister aux émotions désagréables plutôt qu'à les accepter et les ressentir.

Nous cherchons des réponses dans le monde extérieur. Mais le problème, c'est que nous n'y trouvons rien. Car les réponses sont en nous. C'est là aussi que se trouvent nos émotions. Ce n'est qu'en tournant notre regard vers l'intérieur que nous découvrons l'UNITÉ – la connexion avec toutes choses, y compris l'univers.

Nous connaissons le pouvoir de l'esprit. Il est prouvé scientifiquement qu'il peut se guérir lui-même – encore et encore. L'univers nous soutient lorsque nous participons et y croyons. Ensemble, avec l'univers, nous pouvons créer quelque chose. L'univers a toujours une solution pour nous.
Ne demandez pas ce que vous voulez avoir, mais remerciez simplement. Lorsque vous demandez, cela signifie que vous ne l'avez pas. Lorsque vous remerciez, vous reconnaissez que cela est déjà là.

Lorsque nous rompons les chaînes des dépendances émotionnelles, la vraie transformation commence. L'effet secondaire de cette véritable transformation s'appelle la JOIE. Cet état d'esprit élevé survient lorsque l'énergie est libérée du corps. Le corps est libéré du passé et se retrouve dans le présent. C'est alors que nous ressentons un autre type d'émotions : la joie, la bienveillance et la gratitude.
Lorsque nous nous permettons de ressentir pleinement et d'être présents, tout devient possible. Le monde autour de nous devient alors très malléable, transformable et merveilleux.

Voici quelques messages :

Tout est ÉNERGIE. Tout est conscience.

Les émotions sont l'énergie qui te fait avancer. Cette force de vie intérieure te permet d'être qui tu es vraiment. Transforme ce que tu ne veux pas en ce que tu désires.

Nous devons « observer » les drames et les traumatismes de la vie, sans toutefois nous y enliser. Observer, simplement.

Nous devons laisser nos croyances de côté et plonger dans notre véritable force centrée sur le cœur.

Nous devons surmonter nos peurs. Nous devons atteindre un état de peurlessness, où nos actions sont guidées par l'amour. L'amour – l'amour profond et inconditionnel – est la force la plus puissante contre la peur.

L'amour est mon bouclier, il transforme la peur en force.

Le guerrier lumineux ne cherche pas la division, mais la guérison profonde, et il reconnaît que la racine du conflit réside souvent dans nos propres ombres.
Au cœur du chemin du guerrier lumineux, il y a la transformation de la peur en amour.

La peur, considérée comme l'absence d'amour, est transformée par le pardon et la gratitude. Pardonner à ceux qui nous ont blessés et éprouver de la gratitude pour les leçons qu'ils nous ont apportées est le premier pas vers l'autonomisation et la guérison. Ce processus nous permet de réaliser que les défis de la vie ne nous arrivent pas, mais arrivent pour nous, et nous offrent des occasions de croissance et d'approfondissement de notre humanité.

Lorsque nous empruntons ce chemin, nous abandonnons le besoin d'avoir raison en rendant les autres torts, et nous cultivons plutôt une présence remplie d'amour et de compassion. Grâce au pardon et à la gratitude, nous transformons nos émotions toxiques en pouvoir personnel et nous endossons le rôle du guerrier lumineux, qui crée de la beauté dans le monde et reconnaît que tout dans la vie (même les expériences les plus difficiles) contribue finalement à notre croissance.

Je maîtrise mes peurs avec le courage et la lumière du guerrier lumineux. L'amour est ma plus grande arme. Il transforme la peur en opportunités de croissance.

L'un des traumatismes collectifs est l'approche excessivement masculine qui relègue souvent le féminin à l'arrière-plan. Cela doit être reconnu et guéri.

Nous devons nous pencher sur l'oppression historique du féminin. Les traditions occidentales, en particulier, ont tenté de domestiquer le féminin et de réprimer sa nature sauvage et libre. Cette oppression se manifeste à la fois dans les structures sociales et dans les interactions personnelles, souvent sous des formes qui limitent et restreignent l'esprit féminin.

Le concept d'hystérie reflète des peurs profondément enracinées et des idées fausses sur le pouvoir féminin. Cela a conduit à des pratiques visant à éradiquer les aspects sauvages et indomptés de la féminité, créant ainsi une féminité contrôlée.

La réémergence de la Femme Sauvage est cruciale non seulement pour les rôles sociaux, mais aussi pour chaque individu. Il s'agit de libérer le féminin intérieur et de lui permettre de s'exprimer pleinement, sans être limité par des contraintes conventionnelles. Cela remet en question la peur du changement et de l'incertitude en accueillant l'innovation et l'inconnu.

Je laisse le passé derrière moi et m'ouvre au renouveau.

Je me libère de ce qui ne me sert plus et je fais de la place pour de nouveaux commencements.

Aujourd'hui, nous devons remettre en question nos systèmes de croyances à travers lesquels nous naviguons dans la vie, pour comprendre lesquels nous servent et lesquels nous devons

abandonner. Cette introspection nous permet de nous libérer des énergies négatives et favorise la croissance, la création de nouveaux départs et l'émergence de nouveaux potentiels. Cette énergie s'élève à travers les chakras de notre corps, symbolisant la transformation et l'illumination.
Je me libère de ce qui m'attache et trouve force et libération sur mon chemin vers le sommet.

Je reconnais et transforme mes ombres intérieures en lumière et en amour.

Nos blessures les plus profondes requièrent notre attention urgente. Il s'agit d'une guérison intérieure profonde, qui mène ensuite au bonheur.

Nous devons reconnaître et guérir les liens toxiques et traumatiques, et cesser de nous infliger de la souffrance.

Chaque moment est une occasion de réécrire mon histoire.

Je suis centré et en paix, indépendamment des tempêtes qui m'entourent.

Je regarde les événements de ma vie avec du recul, et cela m'apporte clarté et sagesse.

Si tu fais quelque chose qui rend l'autre heureux, tu te sentiras mieux aussi.

Je suis entier et chaque partie de moi est la bienvenue et aimée.

Je m'accepte entièrement, avec compassion et compréhension.

Je suis un canal de guérison – pour moi-même, pour les autres et pour la Terre.

La sagesse du passé éclaire mon chemin à venir.

L'orientation et la perspicacité me viennent facilement lorsque je me connecte à mon cœur.

Je fais confiance à mon voyage à travers la vie et considère chaque croisement comme une opportunité de croissance.

Je suis entouré d'amour et je rayonne cet amour vers l'extérieur. L'amour de soi est la base de ma force et la source de ma connexion aux autres.

Je fais face au monde avec joie et légèreté.

Chacune de mes actions contribue à la guérison et au bien-être de la planète.

En tant que gardien de la Terre, je suis connecté au réseau de la vie, je nourris la Terre et elle me nourrit en retour.

En pratiquant l'immobilité, nous apprenons à influencer notre réalité dans son état le plus malléable, avant qu'elle ne prenne une forme fixe. Cette approche reflète les enseignements de nombreuses sociétés amérindiennes, qui nous rappellent que nos actions et nos pensées ont des répercussions sur sept générations.

Aujourd'hui, nous sommes invités à rêver les yeux ouverts et à imaginer les changements que nous voulons voir, à les mettre en œuvre à partir d'un lieu de profonde tranquillité intérieure. C'est un appel à prendre conscience de l'impact de nos pensées et de nos actions, et à choisir celles qui favorisent un monde que nous souhaitons pour nous-mêmes et pour les générations à venir.
Nous devons rêver d'un nouveau monde – un avenir d'harmonie, de responsabilité et de paix.

« N'abandonnez jamais un rêve simplement parce qu'il faudra du temps pour le réaliser. Le temps passera de toute façon. »
Earl Nightingale

La source de la santé et de la guérison est en nous. Cette source, et donc le bonheur, nous la trouvons en apprenant à nous connaître nous-mêmes et en nous concentrant sur notre richesse intérieure plutôt que sur l'extérieur. Cet esprit renouvelé, ainsi qu'une hygiène de vie saine, nous mènent au bonheur.

Lorsque nous intégrons la lumière (la fréquence la plus élevée), l'amour et la légèreté dans notre vie, nous créons la joie, la satisfaction intérieure et la santé.

Nous souhaitons amener les gens vers la sérénité, la gaieté, la légèreté et la joie.

Comment atteignons-nous la sérénité et la joie ? En renonçant à l'ego, au matériel et à la quête de reconnaissance et de succès extérieur ; en étant reconnaissants pour ce que nous avons vécu, en pardonnant, en méditant, en adoptant un mode de vie sain, etc. Être satisfait de peu et ainsi être heureux. Et alors viennent la confiance et la joie.

1. En ne nous identifiant pas : Qui suis-je ? D'où viens-je ? Beaucoup de gens sont encore dans leur ego et n'ont pas compris ce qu'est la quête de l'âme, à savoir comprendre que ce n'est pas une question de succès, de reconnaissance et d'argent, mais :

- que nous devons apprendre une compréhension plus profonde ainsi qu'une prise de conscience,
- que le succès et la reconnaissance n'ont rien à voir avec l'extérieur (le matériel), mais que nous devons les rechercher et les trouver en NOUS.

Notre vrai bonheur vient de l'intérieur, et non pas de notre richesse extérieure.

2. Nous vivons dans un monde où nous devons laisser derrière nous l'ancien, changer notre façon de penser et de ressentir, c'est-à-dire nous transformer. Car de NOUVELLES choses sont prêtes à être saisies.

Ce qui appartient à l'ancien, c'est notre vision de la vie : apprendre, se former, travailler, gagner de l'argent, se marier, avoir des enfants, tomber malade, perdre son emploi, s'inquiéter de déclin financier, tristesse, solitude, peut-être dépression, perte de statut social, vieillesse et mort.

3. À la place, je laisse chaque jour une énergie positive entrer en moi.

4. En outre, je dissous les blocages en moi (créés par moi-même, ma famille et la société) et je modifie mes croyances.

5. Le capital des gens n'est pas l'argent. Le capital est le potentiel, les talents, le courage, la créativité, la gaieté, la santé, etc. Et le capital inclut aussi la morale, l'honnêteté, la transparence et la confiance.
Avec ce capital, on peut toujours construire quelque chose de nouveau.

6. Toutefois, quand il s'agit de destinées difficiles, nous devons les regarder en face. Mais nous ne devons pas nous considérer comme des victimes. Notre âme souhaite vivre cette destinée. Nous devons en tirer profit : l'accepter avec calme et compréhension, ainsi qu'avec légèreté (et non avec gravité).

7. Quels sont les obstacles qui nous empêchent d'être heureux ?

-   Blessures et traumatismes de l'enfance.
-   Conditionnements des parents et de la société.
-   Pression psychologique venant de soi-même ou de l'extérieur.
-   Incapacité à accepter une culture de l'erreur.
-   Stress pour gagner de l'argent ; considérer l'argent comme un fardeau.
-   Doutes sur soi et ses capacités.
-   Absence de modèles chez les parents, les politiciens, les leaders économiques.
-   Peur de l'échec.

Comment atteindre la satisfaction – la légèreté ?

-   Nouvelle vision de la vie, du travail, de l'argent, de la consommation...
-   Sortir mentalement du système (ne plus se sentir prisonnier).
-   Ne pas avoir peur de l'échec – vis-à-vis de la société, des parents, des amis, des partenaires.
-   Ne pas se prendre trop au sérieux.
-   Moins de perfectionnisme (stress), d'ego, d'addiction à « plus ».
-   Moins de concentration sur les valeurs matérielles.
-   Moins de conformisme, de jalousie, d'envie...
-   Ne pas rechercher la reconnaissance par l'argent (chez les parents, les partenaires, les amis).

- Guérir les questions familiales. La cause de nombreux problèmes se trouve dans notre enfance ou dans le foyer familial : relations, argent, questions émotionnelles, blessures de l'âme, dépressions...
- Se concentrer davantage sur la force du cœur, l'intuition, le ressenti.
- Faire la paix avec les auteurs des offenses, les ennemis...
- Ouvrir le cœur et l'âme (l'esprit).

De là naissent légèreté, intuition, inspiration, créativité...

8. Comment gagner de l'argent ?

Nous considérons l'argent comme « lourd ». Et il est froid. Il ne se sent pas chaleureux. Mais si nous rions et nous réjouissons, l'argent se réjouit aussi. Il vient alors à nous avec légèreté et joie. Car nous lui accordons de la valeur.

Lorsque nous sommes satisfaits intérieurement, nous n'avons pas besoin d'amasser autant de possessions matérielles. Nous pouvons alors utiliser l'argent pour d'autres choses, par exemple aider les autres à trouver la joie ou à devenir indépendants, etc.

Nous devons trouver la joie de vivre, la légèreté et la sérénité en nous-mêmes et non à l'extérieur.

Faites la paix avec les autres. Pardonnez aux personnes qui vous ont fait du mal. **Réconciliez-vous**. Soyez reconnaissant pour votre vie, votre famille, vos enfants.
Dites à vos proches combien vous êtes reconnaissant pour tout.

Quand vous souriez aux autres, un sourire revient vers vous. **Rayonnez la joie.**

Montrez de la bienveillance. Travaillez sur vos propres guerres intérieures. Prenez du temps pour vous et pour les autres. Entourez-vous de personnes heureuses plutôt que de pessimistes et de critiques.

« Souviens-toi que le bonheur n'est pas un objectif, mais un voyage, et qu'il est normal de rencontrer des hauts et des bas en chemin. Sois patient envers toi-même et continue de chercher à créer une vie qui t'apporte joie et épanouissement. »

6. Chapitre : Mon chemin vers le bonheur

Le bonheur est perçu différemment par chaque individu. Il touche profondément la psyché humaine et est souvent lié à l'enfance. Est-ce que ma famille était heureuse – mes parents, mes grands-parents, mes frères et sœurs, et moi-même ? Ou bien mon enfance a-t-elle été marquée par la compétition, la survie, les problèmes financiers ou d'autres préoccupations ? Pourquoi étais-je heureux ou pas à cette époque ?

Quant à moi, je n'étais pas heureux en tant qu'enfant et adolescent. Premier-né de parents qui, dans l'Allemagne d'après-guerre, cherchaient à atteindre le bien-être matériel, mettant tout leur temps dans le travail et la quête d'argent, et très peu dans leurs enfants, j'ai grandi dans les années 50 et 60. J'étais totalement introverti, triste, et je ne suivais pas à l'école, si bien que je séchais souvent les cours. J'ai fréquenté cinq écoles en tout, sans obtenir de diplôme. Ce n'est qu'après ma formation de banquier et mon départ loin de la famille – à l'étranger pour travailler dans une banque – que j'ai commencé à trouver ma voie.

Ma carrière de banquier s'est déroulée de façon fantastique. J'étais joyeux. Je riais. Je connaissais la réussite. Je me sentais comme un "Master of the Universe". En même temps, j'étais quelque peu arrogant, éloigné de mon cœur et loin de ce que mon âme souhaitait réellement. C'est ainsi que les obstacles sont arrivés – les défis qui m'ont réveillé. J'étais dans l'ego. J'étais dans le matérialisme, comme tant d'autres. Mon objectif était de gagner beaucoup d'argent, un but que beaucoup de gens ont encore.

Mais ce n'était pas ce que la vie avait prévu pour moi, comme je l'ai appris plus tard. J'ai dû traverser un dépôt de bilan. J'ai dû quitter ma ville bien-aimée de Miami. J'ai dû vendre notre maison magnifique. J'ai dû revenir à Hambourg et mener une vie beaucoup plus simple – plus de luxe, plus de riches amis autour de moi, plus de cocktails dans des cercles sociaux élevés. Juste une vie ordinaire, comme celle de nombreuses personnes que je regardais auparavant de haut.

Je suis donc passé par des moments difficiles pendant les sept années suivantes. À Hambourg, j'ai trouvé un emploi chez UBS sans difficulté, mais j'ai été licencié après trois mois, car ils ont réalisé que je venais de fêter mes cinquante ans et que, selon la loi allemande, il n'est pas simple de renvoyer des employés de cinquante ans. Ils l'ont donc fait pendant ma période d'essai.

Après ce coup dur, j'ai géré mon petit patrimoine pour en faire un grand – très grand. Mais mon dieu de la chance en a décidé autrement. Pendant trois années consécutives, j'ai vécu la même expérience : mon investissement triplait, je le gardais à ce niveau pendant longtemps, puis il s'effondrait. J'ai réinvesti une somme, qui a de nouveau triplé, et à nouveau, tout s'effondrait. Enfin, j'ai utilisé mon dernier capital. Il a triplé, mais cette fois-ci, mes investissements en or et en argent se sont complètement dissipés à cause des appels de marge.

C'était une expérience incroyable que j'ai vécue pendant ces trois années. Mon frère, un médecin connu, s'est suicidé à cette époque. Je n'avais pas l'intention de le suivre. Grâce à lui, j'ai découvert la médecine alternative, puis la spiritualité. Pendant de nombreuses années, je me suis intéressé à ce sujet et cela m'a fait grandir intérieurement.

En 2015, on m'a présenté un médium trans. Il m'a dit que je rendrais les gens heureux. "Tu es un faiseur de bonheur", m'a-t-il dit. J'étais surpris. Enfant et adolescent, j'étais totalement introverti, triste, peu loquace. À l'étranger, je suis devenu heureux, mais avec le temps, je suis devenu arrogant et matérialiste. Puis j'ai eu un revers sous forme de faillite et de perte de patrimoine. Ensuite, j'ai passé des années à chercher "mon" chemin, c'est-à-dire ce que mon âme désirait.

Et maintenant, le médium m'annonçait que j'étais une personne heureuse et que je rendrais les autres heureux, parce qu'ils ne le sont pas. "Ne crois pas que c'est normal pour tout le monde d'être heureux et joyeux. Non, ce n'est pas une évidence. C'est un cadeau. Et tu as reçu ce cadeau. C'est donc normal pour toi. Et comme les autres n'ont pas ce cadeau, ils veulent être près de toi. Ils se sentent bien en ta présence et rient avec toi." J'ai souvent fait cette expérience.

Il a poursuivi : "Tu passes par une grande transformation, comme celle de la chenille en papillon, qui est un processus important. Toi aussi, tu vas traverser ce processus immense – de l'agression, de la colère, du ressentiment, de la frustration, que tu as portés toute ta vie – vers la joie, le bonheur, la transformation, pour devenir un diamant.

Petit à petit, tu te libéreras des influences qui ont généré la colère, les irritations, les doutes, la résistance, les blessures, les chagrins et la tristesse. Il s'agit de couper tous les liens issus de tes expériences passées pour devenir libre. Il n'y aura plus d'attachements qui te conduisent à la frustration, à l'impatience et à l'accumulation matérielle. Tu seras libre de ces attachements et de ces énergies.

Tu seras capable de te détacher entièrement de ces influences émotionnelles et de t'en libérer. Cela te conférera un état de conscience plus élevé et une perspective plus large, à travers laquelle tu pourras reconnaître le monde et ta position dans celui-ci. Car peut-être que la plus grande partie de cette transformation concerne la façon dont tu te perçois dans le monde.

C'est une toute nouvelle dimension. C'est pratiquement comme une migration de l'âme – tu migreras (c'est-à-dire te transformeras) hors des formes émotionnelles pour trouver la liberté, profondément en toi. Grâce à cette transformation, tu te sentiras bien mieux, dans ce que tu fais et comment tu le fais. Tu abandonneras ta façon d'être sérieuse, ambitieuse et parfaite. Tu deviendras joyeux, drôle, enfantin.

Et tu apporteras aux gens les fruits de la vie – la joie inconditionnelle de vivre. Car quelle est l'essence de la vie ? L'essence, c'est de se réjouir – de se réjouir de la vie, du privilège d'être vivant et d'être ici sur Terre. Notre droit de naissance est de mener une vie profonde, pleine de sens, avec joie.

Tu amèneras les gens à la gaieté et à la réflexion grâce à ta JOIE et à ton rire, de sorte qu'ils changent leur point de vue et leurs convictions sur la vie. Il s'agit de célébrer la vie, de l'accepter avec JOIE et de l'embrasser."

"La vie est immense. Et plus nous embrassons la vraie vie, plus nous devenons joyeux. Plus nous plongeons dans la vie, plus elle nous apporte de plaisir. Et plus la vie devient intéressante. Nous devenons plus humbles et modestes. Car la vie est bien plus profonde que ce que beaucoup de gens réalisent. Nous devons simplement être nous-mêmes, sans chercher à être ce que nous devrions ou ce que nous voulons être – simplement être nous-mêmes. 'Je suis drôle, je suis espiègle, j'adore plaisanter, j'aime m'amuser, j'aime jouer, j'aime avoir des relations sexuelles.'

Tout ce que les autres m'ont dit que je devais faire, ou ce que mon ego m'a dicté pour atteindre quelque chose, ne m'importe plus aujourd'hui. Je veux juste être heureux. Je ne juge plus. Les choses sont comme elles sont. Laisse-les être ainsi. C'est un

honneur pour moi de partager avec vous les choses qui m'apportent de la joie."
Et cela les rend heureux. Tu diffuses simplement la joie et le rire ! Et ils la partagent avec d'autres.

La vie, c'est rire. C'est s'amuser. Tu fais des blagues. Ce n'est rien de sérieux. En même temps, c'est bien plus sérieux que personne ne le pense. C'est la joie. Et les gens ont besoin de cette joie dans un monde où il y a tant de misère, de souffrance et de douleur que cela devient insupportable pour beaucoup. Tu apportes ce que le médecin a prescrit : **légèreté, gaieté et bonheur.**

Tu les enrichis. Tout le monde rit. Quand ils rentrent chez eux, ils se sentent libres et pleins d'espoir. Ils se sentent libérés – de la tristesse, des dépressions et des inquiétudes. Car tu leur transmets la sagesse d'une manière qui touche l'enfant intérieur.

Ainsi, tu fais disparaître le jugement et la séparation de la conscience. Car nous avons tous le paradigme de la séparation : "Cette partie de moi est bonne, l'autre côté ne l'est pas." Cela est un jugement. Et cela est de la séparation.
Tu montres aux gens les deux côtés : la capacité de rire. Et grâce à ta joie et ton rire, tu fais disparaître toute idée de jugement.

Les gens ressentent ta joie comme l'un des apports les plus merveilleux, magiques, nourrissants, durables et soutenants qu'ils aient jamais connus. Tu leur offres l'essence et le sentiment de renaître en tant qu'enfant de Dieu.

Et tu donnes des "conférences" d'une manière légère, ludique, presque comique, qui capte l'attention des gens. Quand ils partent, ils sourient et rient. Ils rentrent chez eux et commencent à réfléchir à tes propos ludiques. Car ce ne sont pas seulement des plaisanteries et des blagues. Ce sont des sagesses profondes – présentées de manière légère et enfantine.

Wow – j'étais vraiment impressionné. Quelle belle, éclairante et motivante déclaration. "La seule chose qui ne changera pas : tu es un guérisseur. Mais la façon dont tu guéris changera. Ce sera une guérison par le rire, la joie, en apportant le bonheur et la lumière."

Et c'est ce que j'ai dû apprendre : laisser libre cours à mes émotions – l'enthousiasme, la joie, la confiance, l'amour, la gratitude. Et lâcher toute ma colère, mon ressentiment, ma frustration. Mon âme voulait apparemment que je me débarrasse de ces émotions négatives dans cette vie.

Mais cela ne s'est pas fait du jour au lendemain. J'ai mis plusieurs années pour y arriver. Entre 2016 et 2021, j'étais souvent dans des émotions positives, mais ma famille me déclenchait sans cesse, me ramenant à la colère, la rancœur et la frustration.
Ce n'est que lorsque j'ai tiré un trait et que je me suis éloigné physiquement de ma famille en déménageant en Suisse que je me suis senti libéré. Là-bas, j'ai pu pratiquer et vivre ma liberté – ma légèreté, ma joie.

N'est-ce pas étonnant qu'en 2015, on m'ait donné un message et que huit ans plus tard, je me retrouve physiquement dans le pays que cette personne avait prédit ? En effet, avec tous ces messages, elle m'avait dit : "Tu iras en Suisse et, en particulier, tu trouveras dans le sud de la Suisse et le nord de l'Italie des personnes qui apprécieront grandement tes dons et te soutiendront dans ta mission."

Et deuxièmement : n'est-il pas étonnant que j'aie dû traverser un processus difficile de transformation, de la chenille au papillon, entre 2016 et 2021, pour revivre toute ma colère et mon ressentiment, en particulier envers ma famille, afin de me libérer de ces émotions négatives ?

Les dernières émotions négatives sont apparues lors de ma visite à Hambourg en juin 2024. J'ai consigné ma colère, mon ressentiment et ma frustration sous forme de notes et je les ai partagées avec ma famille. Le point essentiel était que je n'avais jamais été écouté, jamais été accepté, notamment en raison de mon style de vie, qui ne correspondait pas à la vision d'un adulte (selon ma famille). Selon eux, on travaille, on gagne de l'argent, on a un logement, une voiture, éventuellement une famille, on part parfois en vacances, etc.
J'avais mené ce genre de vie auparavant. Maintenant, mon mode de vie était différent : moins de fardeaux matériels, mais davantage de gaieté, de rires, presque enfantin, avec une vision du monde nouvelle, donc différente de celle des adultes coincés

dans leurs schémas de pensée. J'étais un artiste de la vie avec une joie de vivre incroyable en moi.

Mes pensées et mes opinions ne comptaient pas pour ma famille. Seules leurs opinions, conclusions et jugements comptaient. Leur ego et leur autosatisfaction étaient en jeu.
Mais depuis longtemps, je ne suis plus déçu et je leur ai pardonné. Leur âme voulait vivre cette expérience, tout comme la mienne. Leur leçon leur viendra à la conscience un jour, peut-être à la suite de coups du destin. Beaucoup de gens ne changent qu'après avoir vécu des épreuves. Et alors, la gaieté, la légèreté et le rire peuvent entrer dans notre vie. Nous réalisons alors que le bonheur profondément ressenti s'installe en nous lorsque nous sommes connectés avec l'univers.

Troisièmement : n'est-ce pas étonnant qu'aujourd'hui, j'écrive un livre sur le bonheur, un sujet – une émotion – que je porte en moi ?

"Aller là où tu n'avais pas l'intention d'aller
– c'est là que la transformation se produit."

En janvier 2024, j'ai reçu un message similaire concernant mon chemin vers le bonheur. N'est-ce pas surprenant que deux personnes différentes, sur deux continents éloignés et à deux moments très éloignés l'un de l'autre, donnent le même message ? Le message de janvier 2024 disait :

"Tu rends les gens heureux en leur apportant de la joie. Tu leur montres que leur attachement à leur ego et à leurs possessions matérielles ne leur apporte ni joie ni bonheur véritable.

Tu leur parles de toi, de la période où tu possédais beaucoup de biens matériels, puis de tout ce que tu as perdu. Quand tu avais beaucoup, tu étais heureux. Mais est-ce que c'était le VÉRITABLE bonheur ? Car quand tu n'avais plus rien, c'est là que tu étais vraiment heureux – de l'intérieur (et non pas de l'extérieur). Tu guides les gens dans une méditation pour qu'ils réfléchissent à leur vie.

Certains le comprendront – pas tous, mais certains. Le niveau de stress auquel les gens sont soumis (les soucis, les peurs, ainsi que l'hyperactivité : toujours vérifier leur téléphone, s'occuper des enfants, faire le ménage, travailler, faire attention à leur apparence extérieure, répondre à des invitations, planifier des vacances, etc.) est très, très élevé. À cela s'ajoutent les soucis liés à l'emploi, à la famille, au fait de gagner de l'argent et d'investir, etc. Ce niveau de stress doit être supporté par le corps. Cela le met à rude épreuve et cause des déséquilibres."

"Il s'agit donc de désenchevêtrer : désenchevêtrer l'attachement à l'ego et à l'aspect matériel. Il s'agit d'un changement de perspective. **Les gens associent leur bonheur à leurs possessions matérielles**.
Le médium m'a donné une métaphore : 'Je suis le dernier survivant d'un camp de concentration. Comme certains autres

détenus, j'ai toujours su et ressenti qu'il existait une source intérieure d'où je pouvais puiser de l'amour, de la joie de vivre et de la force, qui me rendait suffisamment fort pour survivre.'
Tout comme les détenus, après avoir perdu ma richesse matérielle, je n'avais plus rien, sauf l'accès à une source qui m'a donné et me donne chaque jour espoir, confiance et donc de la joie. Et cette joie, je souhaite la partager avec les autres.

En fait, je ne fais rien de concret – au sens des abeilles ouvrières, c'est-à-dire de la société. Je ne fais qu'attirer l'attention des gens sur leur vie et raconter la mienne, qui était la même que la leur – réussie, matérialiste ; et comment elle a évolué ensuite. J'oriente simplement leur attention pour qu'ils se découvrent eux-mêmes – qu'ils découvrent leur propre joie. Je n'ai pas besoin de les transformer. La transformation se fait d'elle-même. Quelque chose se met en mouvement. C'est l'abondance. C'est la richesse. Je rends la vue aux aveugles.

Aujourd'hui, nous devons découvrir ce qui nous apporte de la joie. Le bonheur est lié au détachement des possessions matérielles. 'Tu dois te demander : À quoi – à quels objets (biens, possessions) – donc à tout ce qui se trouve dans la sphère du "avoir" – lies-tu ton sentiment de bien-être et de prospérité ? Te sentirais-tu mieux et plus heureux si tu avais plus – plus d'argent, plus de reconnaissance, plus de biens ? Réfléchis-y bien. Inspire profondément. Ressens ce qu'il y a à l'intérieur de toi. Comme cette lumière intérieure est merveilleuse – l'essence de ton être. C'est la source.'

Il s'agit aujourd'hui de ressentir qu'il y a quelque chose de profond en soi. Il y a une vie en moi qui est heureuse en elle-même. Il s'agit de rendre la vue aux aveugles et d'activer leur pouvoir du cœur. Car la joie a sa maison dans le cœur. Elle ne peut être ressentie ailleurs. Et le cœur est toujours très proche de la source – **la source de vie**.

Lorsque je fais une remarque amusante, cela passe par l'esprit. Mais le cœur rit avec. En réalité, c'est le cœur qui rit. Et cela a un pouvoir de guérison – une énergie apaisante. Le corps trouve la paix. Et quand la paix habite le corps, tout se régule de soi-même. Le fait intéressant : les cellules du corps enflammées se transforment alors en neutralité et ne déclenchent même pas de maladie.

La joie possède le plus grand pouvoir transformateur, celui qui guérit tout. Ressentir la joie, c'est guérir tout. Lorsque tu es dans la lumière de la joie, tu aides automatiquement les autres à s'orienter vers la joie. Et de la joie, le monde se crée à nouveau. De nouveaux systèmes émergent de là.

À travers chaque personne qui suit la joie, quelque chose change dans l'ensemble du système. Pas besoin d'utiliser un levier pour changer ou mettre en mouvement quelque chose. Non, tout se réorganise – à partir d'une nouvelle conscience. CELA se réorganise : ce n'est ni moi, ni toi, ni lui, elle, cela n'a à le faire. CELA se réorganise.

Dans l'énergie de la joie, tout converge – tout ce qui est nécessaire pour s'épanouir, être pleinement soi-même, et apporter du bien à l'ensemble se rassemble. Dans cette énergie, tout converge.

C'est comme s'il existait une super-pilule pour toutes les maladies.

'La vie se vit en avançant et se comprend en revenant en arrière.'
Søren Kierkegaard

Comment suis-je donc arrivé au bonheur intérieur ?
Grâce à un changement de perspective sur mes opinions et mes croyances concernant la vie. Nous ne sommes que des invités ici sur Terre. Nous devons donc pratiquer la sérénité et ne pas tout prendre si sérieusement. Nous devons remettre en question notre sentiment de séparation – homme et femme, noir et blanc, juif, chrétien ou musulman – ainsi que notre tendance à juger.

Nous devons remettre en question notre addiction à la consommation. Nous devons remettre en question notre matérialisme. Nous devons retrouver la simplicité – être satisfait de peu. Nous devons transcender et dissoudre notre petit ou grand "Moi", c'est-à-dire abandonner notre ego.

Comment suis-je donc arrivé au bonheur intérieur ?
En abandonnant l'ego, le matérialisme, la quête de reconnaissance et de réussite extérieure ; en cultivant la

gratitude pour ce que j'ai vécu ; en pardonnant ; en méditant ; en adoptant un mode de vie sain, etc. Ainsi, j'ai trouvé la paix de mon âme.

Étais-je heureux auparavant ? Oui, grâce à mes réussites et à mes biens matériels. Suis-je plus heureux maintenant qu'avant ? Oui ! Parce que j'ai trouvé l'accès à la source – à la force, à l'amour, à la joie de vivre.
Je vis la joie, le rire et l'humour. Je suis un clown – l'enfant de Dieu. Et ainsi, j'amène les gens à rire, à trouver la légèreté et à diffuser la lumière du soleil.

Je me sens comme un enfant. À la fin de la retraite en Inde, j'ai reçu une image intérieure : je me suis vu comme un enfant de sept ans : riant, jouant, insouciant, plein de joie, curieux, courageux, créatif, jouant au clown et rendant les autres heureux – les sortant de leur quotidien terne ; s'amusant et étant joyeux – sans peur ni soucis.
Et pourtant, je peux être sérieux. D'une part, j'ai 70 ans d'expérience de vie. D'autre part, je retourne à l'enfance. J'incarne donc les deux côtés : l'expérience et l'enfance. Quel cadeau !

La vie est une grande richesse. Nous sommes si privilégiés d'être ici sur cette Terre. La vie est si simple. Nous devons juste apprendre le "jeu de la vie" – être joyeux, heureux, danser, et apporter de la joie au monde. Et unir cette joie à l'esprit. Car il ne s'agit pas de la joie superficielle, mais de la "joie" qui va au-delà.

7. Chapitre : L'Argent Heureux

La vie et l'argent sont étroitement liés : pas de vie sans argent, et pas d'argent sans vie. Mais notre vie est-elle heureuse ? Et notre argent est-il heureux ?

L'argent a un énorme poids dans notre monde actuel. Notre mal-être est indirectement lié à cela. Car nous avons mis l'accent sur l'extérieur – le matériel – et nous avons oublié ou relégué notre intérieur au second plan. Ainsi, aucun vrai bonheur ne peut émerger.

Commençons par la question : qu'est-ce que l'argent, au juste ? ChatGPT répond : "L'argent est un moyen d'échange universel utilisé pour mesurer, stocker et échanger la valeur des biens et des services. Il remplit plusieurs fonctions centrales dans l'économie :

1. **Moyen d'échange** : L'argent facilite le commerce en représentant une valeur générale, rendant le troc direct des biens ou services superflu.
2. **Réserve de valeur** : L'argent permet de stocker du pouvoir d'achat dans le temps, de sorte qu'il puisse être économisé et dépensé plus tard.
3. **Unité de compte** : Il permet de déterminer la valeur et les prix des biens et services, créant une base commune pour comparer les valeurs.

4. **Moyen de paiement des dettes** : Il est utilisé pour régler les dettes ou remplir des obligations financières.

L'argent peut exister sous différentes formes : physiquement en tant que pièces de monnaie et billets de banque, ou numériquement sous forme de soldes sur des comptes bancaires. L'acceptation de l'argent repose sur **la confiance des gens** en sa valeur et sa capacité à servir de moyen d'échange et de réserve de valeur."

Maintenant, la question est : pouvons-nous encore avoir confiance en notre système monétaire ? Mais plus important encore : pouvons-nous être heureux grâce à notre conscience actuelle de l'argent ? Est-ce que cela nous permet d'accéder à la joie, à la sérénité et à la légèreté ? Ou bien notre rapport à l'argent appartient-il au passé ? Quelque chose doit-il changer dans notre conscience pour que nous soyons heureux avec l'argent ? Ce sont toutes des questions psychologiques ou philosophiques. Les riches diraient : "Mais nous sommes heureux". Les pauvres diraient : "Nous ne le sommes pas."

Il y a environ 10 % de riches et 90 % de non-riches. Mais cela ne signifie pas que 90 % des gens ne sont pas heureux. Beaucoup d'entre eux le sont – intérieurement. Et beaucoup de riches ne le sont pas. Tous les riches ne sont pas heureux – extérieurement, bien sûr qu'ils le sont. Mais pas intérieurement. Et leurs descendants encore moins. Ils cherchent leur mission, leur vrai "moi".

Il s'agit donc de l'intérieur, et non de l'extérieur. Beaucoup de gens recherchent le bonheur et la félicité dans l'extérieur, par exemple dans l'argent, la possession et l'accumulation. Mais le bonheur ne réside pas dans l'extérieur, il est en nous.

J'ai travaillé 40 ans dans l'industrie de l'argent, d'abord dans le crédit au Venezuela, puis 25 ans comme banquier privé pour des personnes très fortunées en Amérique latine, aux États-Unis et en Allemagne. Côté crédit, j'ai eu l'occasion d'accorder d'importants prêts à de grandes entreprises et institutions étatiques. J'ai vu comment ils géraient ces fonds. À l'époque, le Venezuela était l'un des pays les plus riches grâce à son pétrole. En réalité, ils n'avaient pas besoin de crédits. Mais ils ont utilisé cet argent pour créer diverses industries, qui se sont plus tard effondrées. Et ainsi, l'argent a également disparu.

En tant que banquier privé, j'étais responsable de l'acquisition de nouveaux clients et de la gestion de leurs fonds. J'ai été témoin de la relation de ces personnes avec l'argent de très près. C'étaient tous des entrepreneurs. La plupart avaient commencé avec rien et possédaient aujourd'hui une fortune à plusieurs millions. Je me demandais comment ils avaient pu accumuler de tels montants. Probablement que la morale et l'éthique n'avaient pas une grande place, tout comme c'est le cas aujourd'hui dans le monde des affaires.

Sous la pression du gain et de la concurrence, des produits sont vendus aux consommateurs par un marketing habile et parfois agressif. Ces produits paraissent brillants de l'extérieur, mais sont pourris de l'intérieur.

Le client se sent plus heureux avec ce produit qu'avec un autre. Mais au fond, il est simplement aveuglé par un excellent marketing, c'est-à-dire des promesses publicitaires du producteur ou du prestataire de services. Les médias sociaux d'aujourd'hui comme Apple, Google, Facebook, Instagram, WhatsApp, Telegram, TikTok, la plateforme X, y contribuent. D'ailleurs, les réseaux sociaux ont un impact négatif sur la satisfaction et le bonheur.

J'étais, en quelque sorte, le médecin, le thérapeute et le psychologue de mes clients fortunés. En effet, nos conversations personnelles portaient souvent sur leur psyché, leurs sentiments envers leur propre entreprise et leur famille. Bien que la question de savoir dans quoi investir leur argent ne soit évoquée que de manière secondaire, le sujet de l'argent restait toujours présent en arrière-plan de nos discussions.

Beaucoup de ces personnes se demandaient à qui de leur famille ils allaient confier leur fortune, ou qui allait reprendre leur entreprise. Ils se demandaient aussi comment protéger leur richesse : "Comment ne pas perdre ce que j'ai ?" La peur jouait un rôle très important ici. La peur et la cupidité sont les deux moteurs du monde de l'argent.

J'ai donc rencontré et accompagné des gens avec beaucoup d'argent et j'ai observé leur relation avec celui-ci. Pour beaucoup, il s'agissait de savoir comment faire fructifier davantage leur argent, comment en gagner encore plus, même s'ils possédaient déjà 50 millions ou plus.

Pour d'autres, 50 millions étaient suffisants. Ces personnes faisaient de bonnes choses avec leur argent, par exemple en investissant dans l'éducation et en soutenant les jeunes. Autrement dit, ils avaient une approche sage et sociale de l'argent.

D'autres encore jouaient avec leur argent sans y prêter attention – ils gagnaient et perdaient. Certains avaient un bon instinct, d'autres non.

De l'autre côté, j'ai rencontré en Amérique latine des gens qui n'avaient rien, mais qui souriaient du fond du cœur. En Europe également, j'ai vu des gens avec de faibles revenus qui, bien que préoccupés par certaines choses, avaient une certitude intérieure qu'ils seraient toujours pris en charge.

Le bonheur dépend donc de notre état d'esprit intérieur, que l'on ait beaucoup d'argent ou peu.

Mais beaucoup de gens ne vivent pas dans leur intérieur, ils sont tournés vers l'extérieur. Ils s'inquiètent pour l'argent. Ils ne peuvent pas dormir, sont accros au travail, boivent, jouent, etc. (souvent, ce sont aussi des personnes riches). Ils ont perdu pied. De nombreuses cliniques en Suisse sont remplies de patients souffrant de ces phénomènes. Les causes peuvent être des traumatismes, survenus dans l'enfance ou plus tard, ou des croyances. Et l'argent y joue souvent un rôle. J'ai pu l'apprendre dans ma propre famille d'origine. Mais dans les cliniques, ce sujet n'a pas encore été abordé.

Le dogme de l'argent, qu'on soit riche ou pauvre, est généralement associé aux soucis, à la peur de perdre et à la cupidité. En conséquence, l'argent est thésaurisé. Ainsi, un blocage se forme. Le flux veut couler. L'eau doit couler. L'argent aussi devrait circuler. Mais il ne coule plus. Pourquoi ? Parce que nous n'avons pas bien traité l'argent.

À cela s'ajoute la perspective familiale sur l'argent, qui est souvent négative. Comme mentionné précédemment, les antécédents familiaux liés à l'argent sont un facteur très important. Dans notre enfance, nous avons entendu beaucoup de choses sur l'argent de la part de nos parents et grands-parents. Ces affirmations, opinions, visions de l'argent ont été implantées en nous. Peut-être les avons-nous déjà assimilées lors de notre conception ou pendant la grossesse.

L'histoire a également montré que l'argent est souvent acquis de manière immorale et contraire à l'éthique. De nombreuses familles se sont approprié de l'argent de cette manière à un moment de leur histoire. Il existe de nombreuses preuves de cela. Non seulement l'institut Max-Planck en est conscient, mais aussi les historiens. Moi-même, j'ai pu l'apprendre de ma propre famille.

Lorsque nous acquérons de l'argent de manière contraire à l'éthique, cela a des effets subconscients sur la psyché, les relations et les finances au sein de la famille. Et cela sur plusieurs générations.

Que doit-il se passer pour que tous les gens soient heureux avec leur argent ? Nous devons changer notre conscience. L'argent est un moyen d'échange, comme nous le savons. À partir de maintenant, nous devons l'utiliser différemment : avec amour, avec joie, avec bienveillance. Nous devons le donner aux autres – à la caissière du supermarché, au pompiste, au serveur – avec amour et bienveillance, en leur souhaitant le meilleur.
Nous devons honorer l'argent, l'aimer, le reconnaître. L'argent devient ainsi "chaleureux". Jusqu'à présent, il était "froid et sans émotion". Nous devons inverser son énergie – y mettre nos émotions. Car l'argent est énergie.

Pour beaucoup de gens, c'est nouveau. Car pour eux, l'argent est sombre, lourd, éventuellement noir. L'argent est neutre, certes. Mais les gens le voient de différentes façons. C'est nous, les humains, qui avons rendu l'énergie de l'argent négative ou qui le voyons ainsi. Mais nous avons le pouvoir de l'inverser. Nous, les humains, avons le pouvoir sur l'argent. Nous pouvons l'utiliser de manière positive ou négative.

Nous pouvons, dès aujourd'hui, décider dans quelle direction nous et l'argent devons aller. Nous devons, dès aujourd'hui, voir l'énergie "argent" différemment. Nous devons l'aimer, l'honorer, la reconnaître et bien l'utiliser.

Si nous utilisons bien l'argent et l'employons à bon escient, cela apportera la joie et la santé (et non des peurs, des soucis, un sentiment de culpabilité ou des dépressions). C'est le principe bien connu de la cause et de l'effet.

Nous devons utiliser notre énergie de manière positive si nous voulons être heureux, et si nous souhaitons que l'argent circule vers nous. Jusqu'à présent, nous n'avons pas bien géré l'argent. C'est pourquoi il ne circule plus. Beaucoup de gens et d'entreprises (VW, Mercedes et d'autres) en font déjà l'expérience. L'argent ne coule plus comme avant. Et bientôt, certaines gouvernements ou pays (États-Unis, France, Italie) vivront cela aussi.

Pour atteindre le bonheur, nous devons adopter une nouvelle approche de l'argent – une approche positive. Ainsi, nous trouverons la gaieté et la joie. Et c'est ainsi que nous créons de l'ARGENT HEUREUX. Nous devons charger l'énergie de l'argent de positivité. Nous devons rendre l'argent HEUREUX.

L'argent heureux n'est pas une nouvelle monnaie, mais une nouvelle conscience – une nouvelle perception de l'argent. Nous devons donc changer la conscience des gens. Notre conscience jusqu'à présent n'était pas d'un haut niveau. Elle était liée à l'époque correspondante, c'est-à-dire qu'elle était en phase avec les conditions historiques. Au début, il s'agissait de survivre.

L'argent était utilisé pour sauver des vies. On le voit encore aujourd'hui chez les gens qui viennent d'Afrique ou des zones de crise comme la Syrie, l'Afghanistan, etc., et qui paient des passeurs pour sauver leur vie et aller dans un pays sûr.

Pendant la guerre, nous, Allemands, utilisions l'argent pour acheter de quoi manger, donc encore une fois pour survivre. Aujourd'hui, nous utilisons l'argent pour en faire plus, pour le multiplier. Et beaucoup aspirent à toujours plus. Tant que cette ambition ne sert pas l'ego – pour combler un vide intérieur ou maintenir un statut – mais sert le bien commun, elle est acceptable.
Cependant, dans les pays en développement, les gens luttent encore pour survivre. L'argent ne leur vient pas facilement. Cela leur paraît lourd.

Aujourd'hui, nous vivons dans une nouvelle ère. La vision de la vie et de l'argent est en train de changer. Beaucoup de gens ne sont plus satisfaits de la vision actuelle. Ils se sentent coincés, épuisés, sans énergie, déprimés. Ils recherchent quelque chose de nouveau – quelque chose qui leur apporte soutien, confiance et joie. Ils recherchent un "sol doré" ou l'arbre salvateur au milieu de l'océan.

Notre tâche est de faire circuler l'argent, de le voir avec gaieté, de considérer l'argent comme "or", et de transformer notre argent actuel, perçu comme lourd et sombre, en un flux d'Argent Heureux.

Nous devons aujourd'hui offrir aux gens une nouvelle – une vision élargie de l'argent – aux gens des pays en développement, dont le flux monétaire est limité, ainsi qu'aux personnes des pays développés, dont le flux est plus constant mais encore insuffisant ; et même aux personnes dont les revenus prospèrent.

Nous devons laisser derrière nous notre passé et le supprimer de notre mémoire. Nous sommes parvenus à un niveau de conscience supérieur. Cela implique également une nouvelle vision et une nouvelle attitude vis-à-vis de l'argent.

Certaines personnes ne monteront pas immédiatement dans le train de l'argent heureux. Leur âme doit encore traverser un chemin où l'argent coule peu. Mais cela ne les rendra pas malheureux. Ils n'auront pas à lutter pour survivre. C'est un apprentissage pour eux – vivre avec peu. Cela concerne également ceux qui avaient beaucoup jusqu'à présent et vivaient dans l'abondance. Eux aussi apprennent à être heureux avec moins. Car, comme nous le savons depuis toujours : l'argent ne fait pas le bonheur.

Mais nous voulons être heureux. En ne gérant pas bien l'argent et en nous concentrant plus sur le matériel que sur notre intérieur, nous ne sommes pas heureux. Pour être heureux, nous devons voir et utiliser l'argent différemment. L'argent veut être heureux. Par un changement de traitement et de perspective, l'argent devient heureux. Et alors il vient à nous.

Si nous nous concentrons davantage sur les valeurs intérieures que sur les valeurs matérielles, l'argent heureux émerge. Alors, nous sommes heureux. Nous nous intéressons davantage à la satisfaction, à la joie et au bonheur qu'au rendement financier. *Aujourd'hui, l'argent ne circule plus bien, c'est-à-dire que la quête du rendement financier touche à sa fin. Nous le voyons avec la baisse des prix des actifs. L'inflation, la diminution de la confiance, le niveau élevé de la dette, entre autres, conduisent à des rendements réduits ou à des défauts.*

Aujourd'hui, l'argent dur devient de l'argent doux – **un argent émotionnel et donc heureux.** Et nous devenons heureux. Car nous ne sommes pas heureux aujourd'hui parce que nous poursuivons la rentabilité matérielle et financière et que nous sommes obsédés par des biens de luxe et des symboles de statut.

Cette transformation de l'argent a un impact important : la valeur sociale des personnes sera élevée et ne sera plus définie par la possession de biens matériels, mais par la capacité à créer de la **joie pour soi-même** et pour les autres. Il s'agit donc d'un nouveau mode de coopération, plutôt que de concurrence et de profit individuel. Le succès ne sera plus mesuré en termes de gains financiers et de richesse, mais en termes de satisfaction et **d'émotions positives.**

Les gens ne chercheront plus à accumuler des biens matériels, mais apporteront de la joie à travers leur générosité, leur bienveillance et leurs compétences. Les liens entre les personnes pourraient ainsi gagner en profondeur et en signification. La confiance deviendra la nouvelle "monnaie". L'argent d'aujourd'hui deviendra un simple détail. Les valeurs émotionnelles telles que l'empathie, la compassion, la joie et la satisfaction deviendront les ressources les plus précieuses.

C'est un processus d'inspiration mutuelle : nous devenons heureux lorsque nous utilisons l'argent différemment et voyons comment il grandit. Et l'argent devient heureux parce que nous sommes heureux. Ainsi, il vient vers nous. Nous nous rendons mutuellement heureux. **C'est un nouveau départ pour notre système monétaire et notre système de vie**.

Nous redevenons comme des enfants. Les enfants ne sont pas heureux parce qu'ils ont de l'argent. Ils sont heureux en eux-mêmes. Ensuite, ils reçoivent des cadeaux (de l'argent et d'autres présents). Ils l'utilisent pour construire, en jouant, un nouveau monde et voient ce monde grandir. Ils s'en réjouissent et sont heureux. L'argent, pour eux, joue un rôle secondaire. Il n'est pas lourd, mais léger.

Nous voyons maintenant l'argent différemment : nous transformons notre vision actuelle, selon laquelle "l'argent est lourd ; il est lié à l'envie, à la jalousie, à la tromperie", en une vision où l'argent est léger. Il vient à nous avec légèreté. De l'argent lourd, sombre, souillé, triste et douloureux d'aujourd'hui, nous faisons de **"l'argent heureux"**.

Nous imaginons que de l'argent joyeux coule vers nous. Nous le prenons dans nos bras et l'aimons – vraiment. Nous visualisons cette métaphore chaque jour. Et alors, l'argent joyeux coule vers nous – d'abord lentement, puis de plus en plus.

Nous changeons donc notre intention : ce n'est plus la recherche de toujours plus, mais être satisfait de ce que nous avons. Et utiliser l'argent pour des choses qui servent le bien commun.

Nous devons avoir confiance et croire en une plus grande instance : une énergie cosmique invisible nous soutient, car notre intention est bonne, en faveur de la Terre et de l'humanité – donc en faveur du bien commun, et non seulement de nous-mêmes et de notre ego, comme auparavant.

Cette foi et cette confiance sont un nouveau mouvement, appelé **Money & Spirit**. Cela signifie que l'argent vient d'une grande force, dès que nous changeons notre mentalité, nos intentions et développons la confiance. Nous pouvons oublier nos anciennes actions, pensées et intentions concernant l'argent, ainsi que notre façon destructrice de l'utiliser. L'époque de la cupidité, de l'envie, de la jalousie, de la tromperie, de la manipulation et de la corruption autour de l'argent est définitivement révolue.

Nous faisons descendre l'argent – l'or – du ciel sur la Terre. Comment ? En laissant chaque jour la lumière dorée – notre intuition et notre inspiration – traverser notre être. Cette lumière nous guide vers les actions à entreprendre pour créer du nouveau. Car nous sommes nés avec des dons. Et nous pouvons les utiliser maintenant pour transformer le monde perturbé en un monde nouveau – plus beau.

L'Argent Heureux est donc la nouvelle énergie monétaire. Nous développons une nouvelle attitude envers l'argent : plus de dépendance à l'argent, plus de course à l'argent ! Et peut-être devons-nous couper les liens familiaux, en particulier les énergies négatives.

Une connaissance a raconté l'exemple suivant.
Son père n'avait pas une bonne relation avec l'argent. Il lui filait entre les doigts, l'argent ne restait pas auprès de lui. Et sa fille, devenue adulte, a vécu la même chose. Un jour, elle a rencontré une mentor énergétique. « Vous devez vous détacher de l'énergie de votre père », lui a-t-elle dit. Et c'est ce qu'elle a fait, en disant mentalement à son père : « Ta relation avec l'argent n'est pas mon problème (ni ma responsabilité), mais le tien. Je n'ai rien à voir avec ça. Je me libère maintenant de cette énergie destructrice. » Et à partir de ce moment-là, l'argent a afflué vers elle. Il est resté auprès d'elle. Et l'argent se sent bien avec elle, il se multiplie. Il aime cette femme, et cette femme aime l'argent.

Et ainsi, un état malheureux s'est transformé en un état heureux. Ma connaissance est très heureuse, car elle a également pu guérir d'autres problèmes grâce à cette méthode.

Comment a-t-elle réussi ? En dissolvant les enchevêtrements avec sa famille, dans ce cas, ceux liés à l'argent. Nous pouvons tous dissoudre ces enchevêtrements : dans la famille, au travail, dans des relations difficiles, des emplois ennuyeux, l'alcool et d'autres problèmes.

Mais comme dit précédemment : nous devons effacer notre passé de notre mémoire. Une nouvelle ère a commencé. Nous devons considérer l'argent comme un outil, qui désormais nous parvient facilement, qui est doré, qui coule vers nous.

Nous devons aujourd'hui éliminer les charges familiales et personnelles du passé. Car l'origine et la cause de notre malaise émotionnel et financier se trouvent dans notre histoire familiale. Cela nous ramène à nos racines et à celles de notre famille, et peut-être aussi à la souffrance, à la douleur et au chagrin causés par cette dernière.

Sur le chemin d'une relation positive avec l'argent, nous apprenons à pardonner. Et nous nous réconcilions avec notre histoire. À la fin, il y a la guérison de nos ancêtres ainsi que de nous-mêmes, et donc notre lien avec l'argent.

Pour cela, nous devons :
➙ Modifier nos croyances et nos conditionnements.
➙ Laisser la joie s'écouler dans nos activités.
➙ Ouvrir notre cœur.

→ Lâcher l'argent et ne plus le retenir.
→ Investir l'argent dans l'humain et la Terre pour les rendre heureux.
→ Avoir confiance que l'argent reviendra.
→ Croire en un tout supérieur.

Grâce à notre transformation, l'argent circule :
→ La richesse intérieure devient plus importante que la richesse extérieure.
→ La joie et la légèreté remplacent la cupidité, la peur et les soucis.
→ L'amour remplace l'envie, la jalousie et la malveillance.

Ensuite, nous voyons l'argent différemment – avec une nouvelle conscience.

L'arbre est planté ! Il nous représente et nous procure notre stabilité.

C'est un moment incroyable. Le vieux s'en va et le nouveau arrive. Une nouvelle époque a commencé.

Et c'est le chemin vers l'ARGENT HEUREUX.

L'argent est amour. L'argent est prospérité. L'argent est abondance.

Lorsque nous utilisons de l'argent pour quelque chose qui touche notre cœur, nous ressentons un sentiment de bonheur.

Alors, la joie apparaît, et nos peurs disparaissent.

Nous voyons notre investissement grandir.

Nous sommes reconnaissants.

Le nouvel argent fait tout fleurir. Nous aussi, nous allons fleurir ! Notre argent nous fait fleurir : notre santé, notre famille, notre travail, etc. Nous donnons l'argent avec joie, amour et gratitude. Et nous le recevons avec joie, amour et gratitude en retour. Ainsi, l'économie prospère. De cette manière, tout peut « fleurir » : **avec joie, amour, gratitude et respect.**

L'argent nécessaire nous sera donné. Si nous agissons avec notre cœur, l'argent viendra à nous (automatiquement). Laissons-le arriver ! Ayons confiance ! Laissons la cupidité du « toujours plus », ainsi que les peurs et les soucis du passé, appartenir à une autre époque. **Faisons entrer la joie, la lumière et le soleil dans nos vies !**

Car le capital des êtres humains ne se résume pas seulement à « l'or extérieur » – l'argent, mais inclut aussi nos potentiels, nos talents et notre créativité, notre courage et notre confiance, notre moralité, notre honnêteté et notre transparence, ainsi que notre joie et notre santé. Avec ce capital, nous pouvons toujours créer quelque chose de nouveau.

Beaucoup de gens, en raison de leur formation, exercent une activité qui n'est pas nécessairement connectée à leur cœur. Ils accomplissent des tâches qui ne leur procurent pas de joie, qui ne sont pas en lien avec leur cœur. Car ils agissent uniquement avec leur esprit rationnel, comme la société, la famille, l'école et l'université leur ont appris. Ainsi, ils se sont forgé des croyances qui ne sont plus valables aujourd'hui.

Nous devons aujourd'hui nous faire confiance : à nos dons, notre créativité et nos compétences, à nos intentions et intuitions dans les décisions que nous prenons ou les chemins que nous choisissons chaque jour, même si parfois les choses tournent mal. Lorsque nous, humains, acceptons cette nouvelle compréhension de nous-mêmes, nous devenons « riches ». Et alors, l'argent arrive aussi.

L'argent vient à nous avec facilité lorsque nous :
- APPRÉCIONS l'argent,
- le considérons comme une ÉNERGIE qui revient à nous lorsque nous l'utilisons de manière bienveillante et respectueuse (et non avec avidité, exploitation ou tromperie),
- impliquons notre CŒUR, notre AMOUR et notre ESPRIT,
- sommes OUVERTS et HÉRITIERS envers nous-mêmes et les autres,
- éprouvons de la JOIE dans ce que nous faisons,
- faisons du BIEN aux autres,
- utilisons l'argent pour de BONNES CHOSES,
- PARTAGEONS l'argent (partager = guérir),
- faisons la PAIX avec l'argent, avec nous-mêmes et avec les autres.

L'argent est comme un bébé aimé. Nous l'enlaçons, nous l'aimons et en prenons soin.

Avec une nouvelle attitude – une nouvelle perspective – nous réussissons à transformer l'argent « lourd » d'aujourd'hui en un argent joyeux – un ARGENT HEUREUX.

Ce qui est essentiel, c'est la confiance. Jusqu'à présent, nous avons eu confiance dans le système, comme dit au début : « L'acceptation de l'argent repose sur la confiance des gens en sa valeur et en sa capacité à servir de moyen d'échange et de réserve de valeur. »

Désormais, il s'agit de notre confiance – non pas dans le système (qui est terrestre), mais dans le Grand Tout. Nous sommes connectés à tout – y compris à une dimension ou instance supérieure (le Spirit), à notre véritable « moi » divin. Et c'est de là que vient l'argent – sous la forme des dons et talents que nous avons apportés sur Terre.

En tant qu'enfant, nous ne connaissons pas encore nos dons et nos talents. Mais nous les utilisons déjà inconsciemment, nous sommes créatifs, nous construisons ou développons quelque chose.

L'argent peut également être impliqué dans ce processus, mais l'enfant ne se concentre pas sur l'argent. Il ne le connaît même pas vraiment. Son attention est focalisée sur ce qu'il veut construire ou créer. L'argent joue un rôle secondaire.

Dans mon livre *L'Argent Joyeux*, je parle de l'enfant dont le cœur est ouvert et touché par les nombreuses belles choses qui s'ouvrent à lui dans le monde de l'enfance. Son imagination et sa créativité ne connaissent aucune limite. L'enfant veut construire un nouveau monde. Il commence par apporter ses économies chez un horticulteur et achète une plante. Il lui donne de l'eau, de l'amour et de la bonne énergie. Ainsi, il voit cette plante grandir.

La famille offre à l'enfant un peu plus d'argent, avec lequel il achète une deuxième plante. Il lui donne aussi de l'eau, de l'amour et des pensées positives. Et il voit également cette plante pousser chaque jour. Ainsi, il construit un nouveau monde – un monde fait de nature, de gens heureux et d'argent joyeux, où l'appréciation, l'amour et la joie constituent les nouveaux fondements de la vie.

Et c'est cela, la transformation : au lieu de voir l'argent à l'âge adulte comme un fardeau et de ne pas savoir bien l'utiliser, nous retournons à notre enfance et considérons l'argent comme secondaire mais digne d'une grande appréciation et d'un amour sincère. Et ainsi, l'Argent Heureux nous parvient de manière ludique.

8. Chapitre : Le Bonheur et la Spiritualité

Nous vivons dans un monde visible et invisible. Le monde visible, nous le reconnaissons et nous croyons aux affirmations des scientifiques, etc.

Le monde invisible, en revanche, est suspect pour beaucoup. Les messages exprimés dans ce domaine ne sont pas pris au sérieux. Nous n'y croyons que lorsqu'ils sont expliqués et prouvés scientifiquement, lorsqu'ils deviennent tangibles physiquement. C'est là que les avis divergent. Certains ont besoin de preuves scientifiques. D'autres, eux, savent, grâce à leur passé (leurs vies antérieures) et leur intuition, que le monde invisible et non prouvé scientifiquement est juste et vrai.

Nous, les humains, sommes des êtres d'énergie, composés à cinq pour cent de conscience. Les 95 % restants sont inconscients. Beaucoup pensent que notre savoir limité est si disproportionné que nous portons à l'extérieur notre ego, notre arrogance et notre prétention, au lieu de pratiquer l'humilité et la sagesse.

Notre corps physique est composé de centres d'énergie, appelés chakras. Ces centres forment un système de communication – composé de nerfs et d'hormones. Ces éléments se rassemblent dans les sept chakras du corps.

Autour du corps physique, il y a des corps de lumière. Ces corps de lumière attirent les autres, comme mentionné dans l'introduction. Aujourd'hui, nous devons laisser notre corps de lumière briller d'un éclat doré, afin d'attirer de nombreuses personnes vers nous. Nous devons rayonner de joie et de gaieté. Nous devons rendre les gens autour de nous heureux. Et nous devons rencontrer les autres sur un pied d'égalité, sans les considérer comme des subordonnés ou des adorateurs – en d'autres termes, nous devons émaner de la bienveillance.

« Il suffit d'un sourire pour rendre les autres heureux. »

Cependant, lorsque le système nerveux et le système hormonal ne sont pas en équilibre, l'individu vit dans la peur, la lutte ou la fuite. Son monde ne semble plus sûr. Cela mène à des traumatismes, du stress et des maladies.

Les chamans sont des experts dans la guérison des traumatismes. Lorsqu'ils guérissent le corps, ils rééquilibrent le système nerveux et hormonal. De cette manière, nous évitons de stocker nos traumatismes – dans le nerf vague, qui relie le cerveau à chaque organe du corps. Ainsi, le nerf vague est réaligné, et les traumatismes sont guéris.

En retrouvant cet équilibre, nous pouvons également changer la conscience des gens – en passant du matérialisme à l'intériorité de l'être humain, de l'égoïsme au bien commun, du « je » au « nous », du focus sur l'argent à la recherche du bonheur, et de notre énergie patriarcale, masculine, à une énergie plus féminine.

95 % de toutes nos actions se produisent dans le champ invisible. C'est un champ d'énergie qui communique avec le champ quantique. Les chamans sont chez eux dans ce champ. Ils savent comment gérer les traumatismes. Ils détiennent la sagesse des connaissances anciennes. Ce sont des sages anciens.

Nous aussi, nous devons devenir sages. Nous devons apprendre des sages anciens. Nous devons laisser de côté notre arrogance, notre prétention, et notre sentiment de supériorité.

C'est ainsi que nous arrivons au bonheur – un sentiment de félicité dont la source ne se trouve pas dans l'extérieur, donc dans le matériel, mais dans nos valeurs intérieures, notre cœur et notre âme (et donc notre psyché).

Dans ce contexte : Comment est-il possible qu'une personne dont les cellules corporelles sont envahies par le cancer, sachant qu'il ne lui reste que quelques mois à vivre et qu'elle devra laisser son fils de 18 ans seul dans ce monde, puisse être pleine de **joie, de rires et de positivité** ?

J'ai eu la chance de rencontrer une telle personne en 2015 à Palm Beach, en Floride, au *Hippocrates Health Institute*, lors de ma première visite dans cet établissement. Jackie se tenait au milieu de la salle à manger – blonde, angélique, rayonnante, heureuse. Elle m'a accueilli ainsi, sans même savoir qui j'étais.

Elle m'a raconté son histoire. J'ai été profondément impressionné. Quelle souffrance. Quel destin. Et pourtant, une telle joie. Un tel bonheur. Une telle connaissance intérieure profonde. Une apparition presque divine.

Jackie Campisi était ophtalmologiste dans le Connecticut, près de New York, et gérait un cabinet prospère. Puis, un cancer de la moelle osseuse lui a été diagnostiqué. Elle a traversé une période très difficile dans sa vie. Finalement, le cancer a été vaincu, mais elle a perdu son cabinet et son assurance maladie a été annulée en raison des coûts très élevés des traitements contre le cancer.

Elle a entendu parler du *Hippocrates Health Institute* à West Palm Beach et a déménagé en Floride avec son compagnon. Dans cet institut, elle a commencé à travailler et à aider les patients atteints de cancer à voir leur monde de manière pleine d'espoir et positive, au lieu de triste et négative. Elle leur apportait **soutien, confiance et joie de vivre.**

Mais un nouveau cancer s'est déclaré chez Jackie. Les médecins lui ont donné un an à vivre. Elle est restée joyeuse, pleine d'espoir et rayonnante toute la journée. Je l'ai accompagnée, elle et son compagnon, pendant très longtemps. À l'époque, je vivais à Miami et je me rendais souvent à Palm Beach pour la voir, lui donner de la force, absorber sa sagesse et expérimenter sa connexion invisible à quelque chose de plus grand – une source d'où elle puisait quotidiennement.

Jackie n'était pas croyante. Mais il existait une source qui la guidait et lui donnait la force, non seulement de se porter elle-même, mais aussi de mener d'autres personnes vers quelque chose d'incroyable – leur transmettre **joie, bonheur et allégresse**.

Lorsque l'année prédite par les médecins s'est écoulée et qu'elle était toujours en vie, un nouveau sentiment de bonheur est né pour Jackie. Elle a vécu encore une année supplémentaire. Mais cela est devenu de plus en plus difficile, car elle a perdu son emploi à l'institut, n'avait plus d'argent, et son corps se rapprochait doucement de la fin. Finalement, elle a reçu une greffe de cellules souches grâce à un parrainage. Mais cela n'a pas suffi. Entre-temps, j'étais retourné à Hambourg, mais je continuais à lui parler et à lui écrire régulièrement. Puis, elle s'est doucement éteinte.

Deux mois plus tard, j'avais un vol pour Miami pour rendre visite à des amis. Quelle surprise ! J'ai reçu la nouvelle qu'un service commémoratif en mémoire de Jackie devait se tenir à West Palm Beach le dimanche suivant mon arrivée. Quelle coïncidence que cet événement ait été programmé précisément au moment de ma visite à Miami. Les organisateurs de ce service ne savaient pas que j'avais prévu de voyager à ce moment-là. Ce dimanche, je me suis bien sûr rendu à Palm Beach et j'ai prononcé l'éloge funèbre pour Jackie Campisi.

Ce fut une cérémonie très belle – empreinte de légèreté, de joie et de gratitude pour les messages de Jackie à ceux à qui elle avait donné de la force, de l'espoir, de la lumière et de l'amour, ainsi que pour ma profonde gratitude de l'avoir connue – cet être presque angélique, presque divin, qui flotte aujourd'hui parmi nous en tant que présence invisible, nous apportant son bonheur sur Terre.

« Rire est une libération – tout comme les larmes. Lorsque je suis devenue bouddhiste, j'ai appris et fini par comprendre que le passé, le présent et le futur ne font qu'un. Tout ce qui m'est arrivé – le bon comme le mauvais – fait partie de moi. Je l'ai accepté. Et cette acceptation me rend plus forte. »
Tina Turner

En septembre 2007, j'ai donné une conférence dans une banque privée renommée à Hambourg : « Comment faire descendre l'or du ciel sur Terre. » L'or du ciel est également invisible. On ne peut pas le toucher. Mais il est là. Cet or représente d'une part notre or intérieur – nos talents, potentiels et dons apportés sur Terre à notre naissance. Et d'autre part, il s'agit de l'or extérieur – notre argent, qui découle de nos dons. Ce sont donc nos valeurs intérieures que nous matérialisons. Ce qui nous amène au sujet : Comment faire descendre l'or du ciel sur Terre ?

9. Chapitre : Comment amener l'or du ciel sur la terre ?

Le 17 septembre 2007, j'ai tenu la conférence suivante dans les locaux de l'honorable banque privée Sal. Oppenheim, à la succursale de Hambourg. Une intuition m'était venue auparavant : cette banque privée bicentenaire ne subsisterait pas sous cette forme encore longtemps. Et, en effet, quelque temps plus tard, la banque dut être reprise par la Deutsche Bank en raison d'une gestion imprudente et spéculative des fonds. Sinon, elle aurait dû déclarer faillite.

Quelle honte pour une famille qui, pendant sept générations, avait dirigé cette institution bancaire jusqu'alors respectée ! Mais, comme décrit dans ce livre, les membres d'une famille traversent parfois des épreuves qui ne résultent pas nécessairement de leurs propres actions, mais plutôt des conséquences des actes de leurs ancêtres. Ils naissent dans cette famille, car leur âme l'a choisie pour faire des expériences précises.

Le lendemain de la conférence, j'ai été convoqué par la direction. On m'a fait savoir que le contenu de mon intervention n'avait pas été bien reçu, car il ne promettait aucun profit monétaire. En revanche, les retours du public ont été très positifs. À la fin de la conférence, une dame de la haute société hambourgeoise s'est levée pour me féliciter d'avoir présenté un sujet aussi complexe de manière concise et claire. Elle m'a ensuite invité à un voyage en Inde, où les thèmes de la richesse intérieure et de la spiritualité sont enseignés dans une université. Quelques semaines plus tard, je me suis rendu en Inde.

Le 5 octobre 2007, j'ai présenté la même conférence au Rotary Club de Hambourg-Altona. Certains membres ont apprécié, d'autres moins. Quelques mois auparavant, j'avais donné une conférence sur l'Amérique latine et conclu par ces mots :
« Beaucoup de Latino-Américains, notamment les peuples indigènes (les Indios), ne possèdent pas de richesse matérielle, mais ils détiennent une richesse intérieure. Celle-ci s'exprime par leurs yeux brillants, leur sourire joyeux. Ici, en Europe occidentale, je vois des personnes dotées de grandes fortunes matérielles, mais sans éclat dans leurs yeux ni sourire sur leurs visages. »
Avec cette déclaration, je ne me suis pas fait que des amis. Les membres du Rotary évitaient mon regard, gênés.

Discours :

Mesdames et Messieurs, chers amis,

Bienvenue dans ces magnifiques locaux de la banque Sal. Oppenheim. Tout d'abord, je tiens à remercier la banque privée Oppenheim et son directeur pour l'Allemagne du Nord, Monsieur von Hirschhausen, de m'avoir donné l'opportunité de prendre la parole ici aujourd'hui.

C'est avec une grande joie que je vais aborder avec vous un sujet tout à fait spécial :

« Comment amener l'or du ciel sur la terre ? »

Je souhaiterais me présenter brièvement, tracer les grandes lignes de la vie de Michael H., un commerçant originaire d'Amérique latine, et partager avec vous ma vision de la VÉRITABLE RICHESSE.

L'objectif de cette conférence est de sensibiliser
à l'UNITÉ entre richesse intérieure et extérieure.

- Biographie de Rafael D. Kasischke
- Biographie de Michael H.
- Vision de la VÉRITABLE RICHESSE
- Prise de conscience sur la richesse intérieure et extérieure

1. Présentation personnelle :

Je suis marié, père d'une fille de 13 ans et d'un garçon de 11 ans. J'ai passé 15 ans de ma vie comme banquier en Amérique latine, suivis de 6 années aux États-Unis, employé dans des banques prestigieuses allemandes et suisses. Depuis de nombreuses années, je travaille comme consultant indépendant pour les institutions bancaires.

À travers mes expériences personnelles et les épreuves que j'ai traversées, j'ai emprunté un chemin totalement nouveau, dont je vais vous parler aujourd'hui.

Je cherche à équilibrer les richesses,
pour ceux qui le souhaitent.

L'importance accordée à l'argent est « déséquilibrée ».
Il faut redescendre de cette surestimation à une perspective plus raisonnable. **L'homme**, et non l'argent, doit redevenir le centre de la vie, car l'argent seul ne rend pas heureux.

Comment cela est-il possible ? Idée :
On pourrait transformer l'argent en or.
Car l'or représente la richesse intérieure et extérieure !

L'or n'est pas seulement un métal, c'est aussi une énergie, une force spirituelle qu'il faut apprendre à utiliser.

Citation :
Dans ce sens, il est possible de comprendre les paroles de l'ancien président d'Abu Dhabi, qui a déclaré :
« La richesse n'a pas de valeur réelle
tant qu'elle ne sert pas l'humanité. »
(Sheikh Zayed bin Sultan Al Nahyan)

2. Exemple visuel :

Je vais vous montrer deux types d'images :
a) Des personnalités riches et célèbres (richesse extérieure).
Ces figures incarnent un succès matériel impressionnant.

b) Des personnes joyeuses et chaleureuses, rayonnant
d'amour, de joie, d'amitié et d'âme (richesse intérieure).

Nous connaissons tous ces grands hommes de la finance et
percevons souvent leur détresse intérieure. Nous avons tous
vécu des moments de bonheur et d'amour, et nous ressentons
une immense aspiration à retrouver ces émotions.

Pourquoi les Européens et Américains riches affichent-ils souvent des visages tendus, marqués par l'angoisse pour leur argent ?

Pourquoi les personnes pauvres arborent-elles un sourire sincère et des visages lumineux ?

Qu'est-ce que la véritable richesse ?
Qu'est-ce que la richesse extérieure ?
Qu'est-ce que la richesse intérieure ?
Comment atteindre les deux ?

Comment transformer l'argent en or ?
Quel est cet or dont il est question ici ?
Nous n'y parviendrons qu'en empruntant une voie spirituelle, en insufflant une âme à l'argent.

3. L'histoire de Michael H.

Certaines personnes ont déjà acquis cette sagesse, comme Michael H., un commerçant dont je vais maintenant vous parler brièvement.

Pourquoi lui ? Parce que Michael H. a compris que seule l'UNITÉ entre richesse intérieure et extérieure mène au bonheur.

Michael H. est né en 1941 à Hambourg, dans un milieu modeste. Il a suivi une formation de commerçant en import-export. À 20 ans, il a eu la chance de partir travailler pour une chaîne alimentaire en Amérique latine.

Cependant, son premier coup du sort est survenu rapidement : les propriétaires, imprudents avec les finances, ont conduit l'entreprise à la faillite.

Michael a saisi une nouvelle opportunité en créant une plantation de canne à sucre. Mais ce projet aussi a échoué lorsqu'un incendie a ravagé toute la plantation. Il s'est retrouvé sans emploi, endetté.

Ce qui l'a soutenu à travers ces épreuves, c'est sa femme Marilu, qu'il avait rencontrée et épousée peu après son arrivée au Pérou. C'est ELLE qui l'a accompagné sur son chemin de vie, restant à ses côtés même dans les moments les plus sombres. C'est elle qui, par sa présence, a apporté une lueur d'espoir dans les situations professionnelles de Michael. Elle lui a toujours redonné du courage. Un simple regard de ses yeux chaleureux, brun foncé, suffisait à lui faire comprendre qu'il devait continuer.

Grâce à cette force, Michael a accompli beaucoup dans sa vie. Il est devenu un entrepreneur prospère dans le domaine maritime et a accumulé une grande fortune. Cependant, ce chemin fut jalonné de hauts et de bas.

Il a appris des leçons de vie parfois très douloureuses : il a été victime de chantage et a dû verser une grande partie de ses revenus à un fonctionnaire pendant des décennies. Il a vécu dans la peur constante de voir sa famille kidnappée, envoyant donc ses enfants étudier à l'étranger.

Dans toutes ces épreuves, Marilu lui souriait avec ses yeux chaleureux, car elle savait qu'on ne peut pas contrôler le destin… Michael a gagné en sagesse. Il a cherché le sens de la vie et l'a découvert. Il a trouvé le chemin qu'il devait suivre sur terre. Et c'est bien là l'essentiel : chacun doit trouver son chemin et le suivre seul. Mais on reçoit toujours de l'aide en cours de route. Ce qui est essentiel, c'est d'avoir une attitude intérieure basée sur la confiance en Dieu.

Aujourd'hui, lorsque Michael contemple le port depuis son appartement à Hambourg et repense à sa vie, il se sent fier de ce qu'il a accompli et profondément heureux.
Sa femme et ses quatre enfants remplissent son cœur. Il a atteint l'équilibre entre valeurs matérielles et spirituelles. Il a créé une véritable richesse.
Ce qui est vraiment important pour lui dans la vie, c'est le bonheur, la sérénité et la famille. Et cela ne peut être acheté avec de l'argent.
Celui qui parvient à cet équilibre est une personne comblée et heureuse.
Aujourd'hui, beaucoup recherchent le bonheur et l'argent. Pourtant, ils sont déjà là, à portée de main. Ils résident en nous. Il suffit simplement d'être prêt à les accueillir.

La leçon de l'histoire de Michael :
L'histoire de Michael reflète le parcours de nombreux Allemands vivant à l'étranger, mais aussi de nombreux individus ailleurs. Elle fait écho à mon propre chemin de vie.

Michael a touché à mes préoccupations fondamentales en déclarant que la seule chose véritablement précieuse était le regard réconfortant et bienveillant de sa femme.

Cette affirmation a une portée spirituelle importante : par les yeux, nous voyons l'âme des gens. Et auprès d'âmes comme celle de Marilu, nous trouvons réconfort et guérison. C'est une loi cosmique.

Pourquoi raconter cette histoire ?
La vie de Michael reflète celle de nous tous : elle est faite de hauts et de bas. Une existence n'est jamais linéaire. Mais après chaque descente, il y a une remontée.

Michael n'a jamais abandonné. Il a toujours puisé dans ses ressources de force et d'optimisme pour recommencer. J'ai observé le même trait de caractère aux États-Unis : les Américains n'hésitent pas à se relever après un échec. Et nous, les Allemands ? Beaucoup sombrent dans le désespoir après un revers professionnel.

Moi aussi, j'ai traversé des vallées sombres et des moments de désespoir. Moi aussi, j'ai longtemps lutté contre ce doute. Mais aujourd'hui, je suis sur le chemin de la remontée. Je me suis redressé, et c'est pourquoi je peux aider les autres, dans des situations difficiles (échecs, deuils), à voir la lumière.

- **Ce qui m'a touché chez Michael :**
  Son éveil spirituel, l'élargissement de sa conscience, sa capacité à se relever et à persévérer.

- **Son dévouement et sa passion pour le travail :**
  Grâce à cela, l'argent est venu à lui.

- **Ses priorités dans la vie :**
  L'argent n'est pas sa valeur principale. Ce sont l'amour pour sa femme et ses enfants qui comptent le plus.

- **Le rôle crucial de sa femme :**
  Elle lui a toujours donné du courage, de la force, et l'a encouragé ; elle a su aimer inconditionnellement.

4. Ma vision de l'or et de la richesse

C'est ici que réside ma vision pour rendre le monde meilleur : je distingue entre la « richesse intérieure » et la « richesse extérieure ».

Qu'est-ce que la richesse intérieure ?

Naturellement : le cœur, l'amour, le sentiment d'être heureux !

La richesse intérieure signifie :

- Devenir conscient de soi et prendre ses responsabilités.
- Comprendre que tout a un sens ! (qu'il s'agisse du changement climatique ou des bouleversements politiques). Tout cela reflète la dualité de notre monde : lumière/ombre, positif/négatif, yin/yang, soleil/lune, etc.
- Comment l'atteindre ? Commencez par observer calmement et analyser tout ce qui se passe. Ce n'est qu'ensuite qu'il faut agir.
  Et surtout, veillez à ne pas juger !

En agissant ainsi, nous sommes capables de créer un équilibre entre les pôles opposés, qui représentent le masculin et le féminin sur terre. Nous trouvons notre centre. C'est la condition essentielle pour gérer avec sens et satisfaction ce dont il est question ici aujourd'hui : l'argent.

Selon cette perspective, l'argent devient simplement une énergie neutre qui circule entre deux pôles, un moyen d'échange.

Quand cet équilibre est créé, l'argent peut rendre heureux.

Créer une prise de conscience :

Dans mon travail, j'aide mes clients à devenir conscients de l'unité et de l'amour universel.

Cela procure un sentiment de satisfaction et de bonheur.

Le chemin pour y parvenir passe par la spiritualité.

Les moyens nécessaires pour cela passent par l'argent.

Je relie les activités financières (la gestion de l'argent) à la spiritualité. Dieu – Or – Argent.

Un jeu d'équilibre :
Pour illustrer l'équilibre entre richesse intérieure et extérieure, je propose une expérience simple.
Imaginez une balance :
- Dans le plateau gauche : richesse extérieure (maison, voitures, yacht).
- Dans le plateau droit : richesse intérieure (amour, joie, talents).

On constate un déséquilibre.

Comment créer l'équilibre ?
Nous ajoutons des lingots d'or dans le plateau de droite, celui de l'amour et de la joie. Ainsi, la richesse extérieure est contrebalancée et un équilibre est atteint.

L'or représente habituellement la richesse extérieure. Mais ici, l'or du plateau droit symbolise la richesse intérieure, immatérielle. Cela inclut aussi la spiritualité – la foi et la confiance en quelque chose de supérieur. C'est ce que nous devons renforcer chez les gens.

En apportant aux individus de la joie, de la légèreté et de l'esprit (le « Spirit »), nous équilibrons les valeurs matérielles et immatérielles. Avec cet esprit, ainsi qu'avec la joie et l'amour, nous utilisons cet or spirituel pour réaliser des projets concrets. Ces nouveaux projets, à leur tour, nous apportent de la joie et du bonheur.

Resume :

La richesse intérieure (= Vision de l'or) signifie :

1. Développer l'AMOUR DE SOI et l'AUTONOMIE
    ÉMOTIONNELLE.

2. Se reconnaître DIGNES d'être RICHES, RÉUSSIS et
    PROSPÈRES.

3. Accomplir son TRAVAIL avec AMOUR, c'est-à-dire
    avec le CŒUR. (Alors, l'ARGENT viendra
    automatiquement.)

4. Avoir une CONFIANCE ABSOLUE en DIEU.

5. Écouter sa VOIX INTÉRIEURE (= Intuition).

6. Vivre en CONSCIENCE. Prendre conscience de ses
    dons et talents.

7. Vivre dans le PRÉSENT, et non dans le PASSÉ ou le
    FUTUR.

8. Assumer sa RESPONSABILITÉ PERSONNELLE :
    « Fais-toi confiance ! ».

9. Suivre son PROPRE CHEMIN et vivre sa PROPRE
    VÉRITÉ.

10. Reconnaître le SENS de la VIE dans tout, et voir toutes les expériences, choses et personnes de manière POSITIVE. *Tout est tel qu'il doit être. Il n'est pas nécessaire de remettre tout en question. Tout a un sens. Il n'y a pas de hasard. Il en va de même pour votre ARGENT. Il n'existe pas de situations dues à la malchance, au hasard ou à la chance. Non, tout fait partie d'une grande structure, d'un plan de vie.*

11. Accepter les ALTERNANCES des « hauts et des bas ». Sur Terre, tout monte et descend, tout change : positif/négatif, soleil/lune, jour/nuit, pluie/soleil, Yin/Yang, etc.

12. Créer un ÉQUILIBRE et une BALANCE ! Trouver le CENTRE. (Cela signifie : développer un équilibre entre l'énergie féminine et masculine. Il en va de même pour l'ARGENT : il doit toujours y avoir un équilibre.)

13. Revenir au CENTRE, développer le POINT DIVIN.

14. Ne pas JUGER ni CONDAMNER !

15. Faire preuve de PATIENCE et garder son CALME. Ne pas être impatient !

16. Adopter comme LIGNE DIRECTRICE : Tout et tous m'apportent maintenant du bonheur !

La richesse extérieure : comment l'augmenter ?

Vous savez tous ce qu'est la richesse extérieure. Mais le point le plus important concernant cette richesse est de savoir la gérer de manière correcte et sensée. L'argent doit être utilisé intelligemment, bien administré et traité avec soin. C'est la responsabilité de chaque individu, chaque entrepreneur, chaque banquier et chaque gestionnaire de fortune. Pourtant, il existe peu d'investisseurs véritablement avisés.

Mon but est de montrer comment utiliser la richesse extérieure pour le bien de tous. Car ce n'est pas l'argent lui-même qui est bon ou mauvais, mais l'usage qu'en fait l'Homme. L'argent est neutre, qu'il soit conservé en Allemagne, en Suisse ou au Luxembourg.

Nous devons donc traiter l'argent, et tout ce que nous possédons, avec amour et respect. Cela lui permet de prospérer de manière positive. C'est là le secret du succès dont je parle.

Les investissements avec amour et respect :

Cela s'applique également aux investissements. Nous devons investir avec compréhension, attention et amour. Il est important de leur insuffler une énergie positive : de les « animer » et de les « bénir ». Alors, ils se développeront de manière favorable.

Même si les investissements ne sont pas des êtres vivants comme les humains ou les animaux, nous, en tant qu'êtres dotés d'une âme, pouvons transmettre cette énergie aux investissements. Si nous utilisons notre argent avec cœur et amour – que ce soit pour acheter une maison, une voiture, des obligations ou des actions – alors ces investissements prospéreront, car nous les aurons « animés » avec notre énergie. Cela signifie qu'il ne faut pas nourrir de ressentiments ou de doutes à leur égard. Il faut également faire preuve de patience et accepter que les choses ne se passent pas toujours selon nos souhaits, mais selon un plan plus vaste.

Si vous aimez votre argent et l'investissez avec amour dans des choses qui comptent pour vous, ces investissements seront fructueux. Mais si vous investissez votre argent uniquement pour qu'il se multiplie, tout en restant détaché et distant, cela ne fonctionnera pas. Ce n'est pas suffisant de penser que l'argent investi est en sécurité et qu'il croîtra tout seul. Il est crucial d'être impliqué, non seulement intellectuellement, mais aussi émotionnellement.

Construisez une relation intérieure avec vos investissements.

Ajoutez-y toute la positivité de votre être. Alors, l'argent croîtra pour le bien de tous. Investissez non seulement avec votre esprit, mais aussi avec votre cœur.

Donner un sens à la richesse :

Certaines personnes ont déjà compris comment utiliser l'argent correctement : l'une des façons est de donner ou de léguer sa richesse à des fondations, des musées, ou à des projets de bienfaisance. En faisant cela, elles créent un cercle vertueux, où le bien qu'elles font leur revient.

Un autre aspect crucial à garder à l'esprit est que l'argent est éphémère. Nous le gagnons dans cette vie, mais ensuite, nous le laissons à d'autres. L'argent ne nous appartient que temporairement. Nous devrions le considérer comme un prêt. Tout ce que nous achetons avec cet argent est également une simple « location » temporaire.

Exemples inspirants :

Prenons Warren Buffett : il a décidé de ne pas léguer sa fortune à ses enfants mais de la donner pour le bien de l'humanité. Il affirme que cette richesse lui a seulement été prêtée, et il la redistribue à des fins utiles.

De même, Alfred Nobel et bien d'autres ont utilisé leur argent pour le bien commun.

Résumé de la richesse extérieure (vision de l'or) :

1. Laissez l'argent circuler.
2. Accordez à l'argent la juste valeur :
    - L'argent en lui-même n'est pas négatif.
    - N'ayez pas peur qu'il se perde, rapporte peu ou soit mal placé.
3. Aimez l'argent et tout ce que vous en obtenez.
4. Gérez l'argent consciemment.
5. Renforcez vos connaissances et votre sagesse en matière d'investissements.
    - Apprenez à connaître les risques des placements financiers.

- o Utilisez votre argent de manière à ce qu'il serve l'humanité.
- o Considérez l'argent comme un prêt temporaire, en créant une abondance consciente.

5. Ma réponse à la question posée au début :
« Comment amener l'or du ciel sur la terre ? »

Mon travail consiste à aider les gens à découvrir leur richesse intérieure, c'est-à-dire à percevoir le bonheur et la satisfaction en eux-mêmes.

« Une vie épanouie n'est pas le résultat de la réalisation de tous nos désirs.
C'est le fruit d'un cœur rempli d'amour. »

Comment parvenir à un cœur rempli d'amour, indépendant de la possession matérielle ?
L'objectif est d'assouplir la dureté du cœur.

Je vois l'or dans le ciel et je vous apporte cet or sur terre en bénissant les investissements. Ce qui m'importe profondément, c'est que vous soyez heureux, intérieurement et extérieurement. Je veux offrir aux gens de l'argent et de l'or – richesse intérieure et extérieure !

Dans ce contexte, je tiens à remercier la banque Sal. Oppenheim. Cette institution a, pendant sept générations, montré un grand cœur à l'égard de ses amis, de ses connaissances et de sa famille, même dans les moments difficiles. Bien sûr, une banque doit également fonctionner selon des principes économiques. Cependant, au fil des années, nous avons vu de nombreuses banques se concentrer uniquement sur les aspects financiers, laissant de côté la dimension humaine. Mais la banque privée Sal. Oppenheim n'a jamais oublié cette dimension humaine et continue de la cultiver avec beaucoup d'attention.

Elle perpétue les traditions, les valeurs humaines, et ne se concentre pas sur les gains à court terme mais sur les relations clients à long terme. Cela la distingue par sa stabilité.

C'est essentiel dans le monde d'aujourd'hui, où les décisions à court terme dominent. Les marchés fluctuent, mais ce qui importe le plus, c'est la préservation et l'augmentation durable de la richesse, une priorité pour cette banque. Je me réjouis de collaborer avec Sal. Oppenheim à l'avenir.

Pour conclure, je voudrais citer les paroles de James D. Wolfensohn, ancien président de la Banque mondiale, prononcées lors de l'assemblée annuelle de la Banque mondiale à Dubaï en 2003. Ces mots expriment parfaitement ce qui me tient à cœur :

« Monsieur le Président,
je ne parle pas en rêveur ni en philosophe.
Comme vous tous, j'ai une famille
et je m'inquiète pour son avenir.
*Nous avons la **connaissance** pour faire une différence.*
*Nous avons les **ressources** pour faire une différence.*
*Nous avons le **courage** pour faire une différence.*
Nous devons agir maintenant pour faire une différence. »

James D. Wolfensohn, ancien président de la Banque mondiale:
(Un objectif plus élevé) :
« L'avenir signifie un déséquilibre croissant entre les
populations, les ressources naturelles et l'environnement.
Si nous agissons aujourd'hui, nous pouvons anticiper ces
déséquilibres et orienter le monde vers un avenir meilleur.
Si nous n'agissons pas, nous laisserons à nos enfants
des problèmes encore plus grands. »

« Le but ultime du capital n'est pas de gagner de l'argent,
mais d'utiliser l'argent pour améliorer la vie. »
Henry Ford

Mon souhait final :
Je suis enthousiaste à l'idée de construire avec vous un
nouveau monde financier.
Je vous remercie infiniment pour votre attention !

Comment amener l'or du ciel sur la terre ?
L'or représente la joie, l'amour et le bonheur.

Aujourd'hui, je répondrais :

Je montre aux gens leur or intérieur, leur essence véritable, leur vocation, leur éveil – ainsi que la gaieté, la joie et la lumière du soleil. Je suis le pont entre le ciel et la terre.

Une lumière dorée et rayonnante descend vers les gens. Elle les enveloppe d'amour.

Ils se sentent en sécurité, heureux et en harmonie. Une profonde joie et un bonheur sincère les entourent. Ils sont touchés par cette lumière, qui remplit leur cœur. Ils ressentent l'amour et leur connexion à une énergie plus grande – l'énergie cosmique.

Ils se sentent compris, apaisés, et alignés avec leur cœur. Avec joie, ils embrassent leur famille, leurs amis, leurs voisins et leur communauté.

Cet élan de bonheur se propage aux autres. Les gens viennent voir ce qui se passe ici : une grande transformation. Une métamorphose – de l'abattement, de la peur et de la souffrance à une ouverture des cœurs, à la réception de la lumière dorée, et au sentiment de joie et de bonheur.

Conclusion

Nous atteignons le bonheur en orientant notre attention...

- retour à notre enfance : en laissant libre cours à notre curiosité, notre enthousiasme, notre créativité et nos émotions.
- Ne pas s'accrocher au passé. Le laisser partir.
- Nous connecter au grand tout et nous laisser guider.
- Changer de perspective : voir notre monde avec joie et non avec inquiétude.
- Offrir un sourire aux autres. Alors, le sourire revient.
- Exprimer gratitude et pardon.

Ainsi, nous atteignons un état de : bonheur – joie – épanouissement – richesse intérieure – satisfaction intérieure – valeurs profondes – paix – liberté – insouciance – sérénité – gaieté – santé mentale.

Et c'est cela l'essentiel dans la vie : la santé mentale et la satisfaction. Pourtant, beaucoup manquent de satisfaction et de bonheur. Ils sont focalisés sur les valeurs matérielles plutôt que sur les valeurs intérieures.
Et ils ont peur – du changement. Ils s'accrochent au passé – au matériel.

Message

Lorsque nous sommes satisfaits intérieurement, nous n'avons pas besoin d'accumuler autant de possessions matérielles à l'extérieur. Alors, nous pouvons utiliser notre argent pour d'autres choses, par exemple aider les autres à trouver la joie ou l'autonomie, etc.

Le grand défi est d'entrer dans le silence et d'écouter en nous (et de découvrir notre chemin de vie/de l'âme). Jusqu'à présent, nous avons seulement utilisé notre intellect. Mais le monde a changé. Nous devons apprendre à ne pas donner trop de place à notre intellect. Nous devons accueillir une conscience supérieure. C'est une énergie.

L'argent fait partie de notre vie. Lui aussi est une énergie. Mais il représente l'un des grands obstacles au bonheur. Parce que nous entretenons une mauvaise relation avec l'argent ; parce que nous nous inquiétons et avons peur ; parce que nous en avons trop ou pas assez, etc.
L'argent souhaite être honoré, aimé et reconnu. Il souhaite être perçu avec une conscience supérieure, une dimension/instance plus élevée.

Métaphore

Imaginez que l'argent puisse entendre, ressentir et parler (comme un humain). Que pourrait entendre l'argent ? Il entendrait ce que vous voulez faire avec lui, pour quoi vous voulez l'utiliser.

Et que pourrait-il ressentir ? Il ressent si son usage est bon ou mauvais. Nous, humains, ressentons lorsqu'on nous traite de manière indigne. Et si l'argent ressentait cela aussi ?

Si vous utilisez l'argent pour quelque chose de positif, alors il se sent bien. Mais si vous échangez l'argent contre quelque chose de négatif (fast-food, alcool, cigarettes), l'argent se sent-il bien ? Quelles sont vos expériences ?

Et si l'argent pouvait parler ! Wow ! Quelle nouvelle perspective.

Message

Lorsque nous traitons bien l'argent et que nous l'utilisons de manière appropriée, il engendre de la joie et de la santé = cause et effet (et non des peurs, des soucis, un sentiment de culpabilité, ou des dépressions).

Tout est énergie : l'être humain, l'eau, l'argent, l'amour. Tout doit circuler. Si cela ne circule pas, cela provoque des blocages. Et ces blocages peuvent engendrer des maladies.

Message

Tout voir avec amour. Ouvrir son cœur. Faire preuve de reconnaissance : envers la vie, l'amour, les êtres humains, la nature, et l'argent. Et entretenir une bonne relation avec tout cela Et d'où viennent l'eau, les êtres humains, l'argent ? Tout vient d'en haut – de la Terre. L'argent aussi. Nous le portons pratiquement avec nous dès notre naissance, car nous naissons avec des talents et des potentiels que nous transformerons plus tard en argent.

L'argent vient à nous avec facilité si nous :

- APPRÉCIONS l'argent
- le considérons comme une ÉNERGIE qui revient à nous si nous le traitons bien et avec bienveillance (sans cupidité, exploitation ou tromperie)
- utilisons notre CŒUR, notre AMOUR et notre ESPRIT
- sommes OUVERTS et HÉRITIQUES envers nous-mêmes et envers les autres
- éprouvons de la JOIE dans ce que nous faisons
- faisons du BIEN autour de nous
- utilisons l'argent pour de BONNES CAUSES
- faisons la PAIX avec l'argent, avec nous-mêmes et avec les autres.

L'argent est comme un bébé aimé. Nous le prenons dans nos bras, nous l'aimons et nous en prenons soin.

Les étapes importantes : avoir confiance (en tout)

Faites confiance au flux de l'argent/de l'activité ! N'ayez pas peur. C'est le plus grand obstacle. Parce que les gens ont peur, ils s'accrochent à l'argent et se préparent à de mauvais jours. Si nous sommes entourés de peur, nous vivrons toujours sous le contrôle de l'argent. Mais si nous sommes dans la confiance, alors nous pouvons lâcher prise.

Comment accéder à la confiance ?

1. Dénouer les liens avec la famille, le partenaire, le travail, etc.
2. Avoir confiance en soi : je n'ai pas peur que quelque chose tourne mal.
3. Faire confiance au Grand Tout – à la dimension/instance supérieure (= l'ESPRIT).

Faire la paix – avec nous-mêmes et avec les membres de notre famille, avec l'argent.

Nous portons de nombreuses blessures en nous – des blessures venant de notre famille/ancêtres et de notre enfance.

Nous devons comprendre que nos parents et grands-parents ont également subi ces blessures. Et quoi qu'il se soit passé dans notre enfance : nos parents et grands-parents ont eux aussi vécu des épreuves. Et nous portons cela dans notre système (jusqu'à un âge avancé). Ces blessures doivent être guéries.

Nous devons nous en libérer, par exemple des blessures émotionnelles : ne pas être vu, être laissé seul, absence émotionnelle de la mère/du père, ne pas se sentir aimé, etc.

Ces sentiments profonds d'abandon peuvent persister à l'âge adulte. Certains ne veulent plus rien avoir à faire avec leur famille ; d'autres commencent à boire, à consommer des drogues ou à travailler de manière excessive pour ne pas y penser. La manière dont nous aimons, dont nous luttons dans nos relations – tout cela est lié à notre enfance.

Nous ne sommes pas obligés de répéter les schémas qui ont marqué notre enfance. Nous pouvons surmonter nos traumatismes. Nous pouvons nous guérir – par nous-mêmes.

Faire la paix implique le pardon, la réconciliation.
Nous devons faire la paix avec nous-mêmes, avec nos parents et nos ancêtres. Nous devons leur pardonner et nous réconcilier avec eux.

Exercice :
Imaginez que vous vous prenez vous-même dans vos bras, que vous vous serrez très fort, que vous vous pardonnez et vous réconciliez avec vous-même. Et maintenant, imaginez que vous prenez votre mère dans vos bras, que vous la serrez, que vous lui pardonnez et que vous vous réconciliez avec elle.
Faites de même avec votre père.

Nous devons aussi exprimer notre gratitude – remercier pour l'expérience vécue avec nos parents. C'est cela la guérison !
Nous nous pardonnons d'avoir emprunté des chemins malhonnêtes dans notre vie et d'avoir participé à des affaires douteuses.
Ensuite, nous pardonnons à tous ceux à qui nous avons causé du tort – sur le plan matériel et émotionnel.
Enfin, nous pardonnons à nos parents, par l'intermédiaire desquels nous avons inconsciemment hérité de ce rapport à l'argent.

Quand nous plantons un arbre, entamons un nouveau projet, découvrons un nouvel amour, etc., et que nous mettons tout notre cœur, notre amour et notre esprit dans les racines/la terre, l'arbre, la plante, le projet, l'investissement, l'argent grandissent et s'épanouissent.

Car avec notre conscience supérieure, tout ce dans quoi nous la mettons croît.
Le rendement sera holistique, pas seulement matériel mais aussi immatériel : joie de vivre, santé, enthousiasme, légèreté, sens de la vie.
Et tout comme nous rions et nous réjouissons, l'argent souhaite lui aussi rire.

Il s'agit de réunir :
les valeurs intérieures et extérieures
l'intérieur et l'extérieur
le matériel et le spirituel
l'énergie masculine et féminine
l'individu et la société
les hémisphères gauche et droit du cerveau.

Ainsi, un équilibre (Yin/Yang) se crée.
Ainsi, une harmonie se développe : en chaque être humain et entre les êtres humains.
À travers cette union, les individus accèdent à une conscience supérieure.

Aujourd'hui commence l'époque où le matériel et l'immatériel se rejoignent. Ainsi, nous obtenons les deux : l'argent et la santé intérieure. Nous ouvrons notre cœur.

Nous donnons à notre vie et à notre argent une reconnaissance. Nous, tout comme l'argent, souhaitons être "vus" et "considérés" – comme de l'énergie. Alors, cette énergie afflue vers nous – en abondance.
Le but ou le résultat de notre transformation et de notre nouvelle vision est : **BONHEUR, JOIE, SENS, SATISFACTION, et par conséquent SANTÉ.**

Exercice final : L'OR tombe du CIEL

Imaginez de l'OR tombant du ciel. Voyez les pièces d'or descendre du ciel. Cet or divin représente **la joie de vivre, le bonheur, l'allégresse et l'amour**. Ramassez les pièces lentement et délicatement. Ressentez l'or. Il est chaud. Il est bienveillant. Il est chaleureux. Pressez-le contre votre cœur !

I have a dream:

Making people HAPPY and HEALTHY by
bringing JOY, HAPPINESS, and PROSPERITY
into the world.

Attachement

I.   Notre voyage partagé de transformation

Pour continuer sur ce chemin de transformation : Nous devons comprendre que notre esprit subconscient est façonné par des expériences et des émotions passées, dont beaucoup peuvent nous être inconnues. En mettant en lumière ces éléments cachés et en les traitant, nous pouvons commencer à nous libérer des schémas qui nous limitent.

La méditation, la pleine conscience et les pratiques qui encouragent l'auto-réflexion sont des outils puissants pour ce voyage. En calmant l'esprit, nous pouvons accéder aux couches plus profondes de notre conscience, ce qui nous permet d'observer et éventuellement de libérer les émotions qui y sont stockées.

Le rôle du pardon et de la gratitude

Le pardon ne consiste pas à excuser les actions des autres ; il s'agit de se libérer du poids émotionnel que nous portons. Lorsque nous pardonnons, nous libérons l'énergie retenue dans les griefs passés, créant ainsi de l'espace pour que de nouvelles énergies positives puissent circuler.

La gratitude, quant à elle, nous fait passer du manque à l'abondance et à ce qui est déjà présent dans nos vies. C'est une pratique qui élève notre vibration et nous aligne sur l'énergie de l'amour et de l'abondance.

Se reconnecter à notre enfant intérieur

Pour guérir vraiment, nous devons nous reconnecter à notre enfant intérieur, la part de nous qui est pure, créative et remplie d'émerveillement. Cette reconnexion nous permet de vivre avec un sens du jeu et de la joie, sans les peurs et les attentes accumulées au fil du temps. En nourrissant notre enfant intérieur, nous redécouvrons les joies simples de la vie et cultivons un sentiment de légèreté et de liberté.

Vivre l'instant présent

Le moment présent est le seul endroit où un véritable changement peut se produire. Lorsque nous restons dans le passé, nous maintenons ouvertes de vieilles blessures. Lorsque nous nous inquiétons pour l'avenir, nous créons de l'anxiété. En nous concentrant sur le présent, nous pouvons pleinement vivre la vie telle qu'elle est, sans les distorsions de la douleur passée ou des peurs futures. Cette présence nous permet de répondre à la vie avec clarté, compassion et créativité.

Embrasser le voyage

Le chemin vers le bonheur et l'épanouissement n'est pas une ligne droite. Il est parsemé de hauts et de bas, de moments de clarté et de confusion. La clé est d'embrasser le voyage avec un cœur ouvert, en faisant confiance que chaque expérience fait partie de notre croissance. En abandonnant le besoin de perfection et en nous permettant d'être humains, nous créons de l'espace pour la joie, la connexion et une véritable transformation.

En fin de compte, le bonheur n'est pas quelque chose que nous atteignons ; c'est quelque chose que nous devenons. C'est le résultat de vivre authentiquement, d'aimer profondément et d'embrasser chaque moment tel qu'il vient. À mesure que nous continuons à guérir et à grandir, nous devenons des phares de lumière, répandant la joie et la positivité autour de nous.

Marchons ensemble sur ce chemin, en nous soutenant mutuellement alors que nous transformons la peur en amour, et la limitation en liberté.

Cultiver la force intérieure

Pour continuer notre voyage de transformation, il est essentiel de cultiver la force intérieure. La force intérieure est la capacité de rester ancré et résilient face aux défis de la vie. Cela implique de se faire confiance, de développer l'autodiscipline et de cultiver un état d'esprit qui voit les obstacles comme des opportunités de croissance. En cultivant la force intérieure, nous pouvons affronter nos peurs en sachant que nous avons le pouvoir de les surmonter.

Le pouvoir de l'amour de soi

L'amour de soi est le fondement d'une vie épanouissante et joyeuse. Cela signifie s'accepter tel que l'on est, sans jugement ni critique. Lorsque nous nous aimons, nous créons un environnement interne de sécurité et d'acceptation, ce qui nous permet de nous épanouir.

L'amour de soi signifie également établir des limites saines, donner la priorité à notre bien-être et nous traiter avec la même gentillesse et compassion que nous offrons aux autres. En embrassant l'amour de soi, nous devenons notre propre source de soutien et de bonheur.

Créer des connexions significatives

Les êtres humains sont des créatures sociales, et les connexions significatives sont essentielles à notre bonheur. En cultivant des relations basées sur l'authenticité, l'empathie et le soutien mutuel, nous créons un réseau d'amour et de compréhension qui nourrit notre âme.

La véritable connexion se produit lorsque nous nous permettons d'être vulnérables, de partager notre véritable soi et d'écouter profondément les autres. Ces connexions nous rappellent que nous ne sommes pas seuls et que nous faisons tous partie de quelque chose de plus grand.

Incarner la joie et la légèreté

La joie et la légèreté sont des états d'être qui surgissent lorsque nous lâchons les fardeaux que nous portons et que nous nous permettons simplement d'être. Pour incarner la joie, nous devons donner la priorité aux activités qui nous apportent du plaisir et de l'épanouissement, qu'il s'agisse de passer du temps dans la nature, de nous engager dans des activités créatives ou simplement de rire avec des amis. La légèreté vient du lâcher-prise sur le besoin de tout contrôler et d'embrasser le flux de la vie. En incarnant la joie et la légèreté, nous inspirons les autres à faire de même et contribuons à un monde plus joyeux.

L'effet de vague de la transformation personnelle

Notre transformation personnelle ne nous impacte pas seulement ; elle crée un effet de vague qui touche tout notre entourage. Lorsque nous nous guérissons, nous contribuons à la guérison de nos familles, de nos communautés et du monde. Notre énergie, nos pensées et nos actions influencent les personnes avec qui nous entrons en contact, et en incarnant l'amour, la compassion et l'authenticité, nous inspirons les autres à entreprendre leur propre voyage de transformation. Ensemble, nous pouvons créer un monde où le bonheur, la paix et la connexion sont la norme.

Continuer la pratique

La transformation est un processus continu qui nécessite une pratique et un engagement constants. Cela implique des choix quotidiens d'alignement avec l'amour, de libération de la peur et de culture de la joie. Certaines pratiques qui soutiennent ce voyage incluent la méditation, l'écriture de journal, le temps passé dans la nature, la gratitude et les actes de gentillesse.

En faisant de ces pratiques une partie régulière de notre vie, nous renforçons notre engagement envers la croissance et créons un changement durable.

Souvenons-nous que nous sommes tous sur ce chemin ensemble. En nous soutenant mutuellement, en partageant nos expériences et en tenant de l'espace pour la croissance de chacun, nous créons une communauté de transformation.

Continuons à marcher sur ce chemin avec courage, amour et un cœur ouvert, sachant que le voyage lui-même est la destination, et que le bonheur se trouve dans chaque pas que nous faisons.

Pensées finales

Le bonheur n'est pas une destination, mais une façon d'être. C'est le résultat de vivre en alignement avec notre véritable soi, d'embrasser nos émotions et de cultiver l'amour et la compassion pour nous-mêmes et pour les autres.

En lâchant ce qui ne nous sert plus et en entrant dans notre pouvoir, nous pouvons créer une vie remplie de joie, de sens et d'accomplissement. Engageons-nous sur ce chemin de transformation, sachant que chaque instant nous offre l'opportunité de grandir, de guérir et de vivre pleinement la beauté de la vie.

II.   Que comprenez-vous par "Argent et Esprit"

"Argent et Esprit" fait référence à la relation entre les ressources financières et les valeurs spirituelles ou intérieures d'une personne. Il explore comment l'argent et les ressources matérielles peuvent être alignés avec des aspects immatériels plus profonds de la vie—comme le sens, l'éthique, le bonheur et l'épanouissement. Voici quelques thèmes centraux souvent abordés dans ce contexte :

1.   L'argent comme flux d'énergie

Dans les traditions spirituelles, l'argent est parfois considéré comme une forme d'énergie qui doit circuler et être partagée. L'objectif est de développer une relation harmonieuse avec l'argent, dans laquelle il n'est ni vu comme le seul objectif, ni comme un ennemi, mais comme un outil pouvant être mis au service d'un but spirituel plus grand.

2.   La pleine conscience dans la gestion de l'argent

"Argent et Esprit" souligne l'importance d'être attentif et conscient dans la gestion de l'argent. Cela signifie être conscient de ses valeurs et priorités, et s'assurer que la manière dont on gagne, dépense, économise ou investit de l'argent est en accord avec ces valeurs. Cela pose la question : L'utilisation de l'argent soutient-elle ma croissance personnelle et spirituelle?

3. L'éthique et les décisions financières

Ce concept englobe également les aspects éthiques de l'argent. Il pose des questions telles que : Mon argent est-il gagné ou investi d'une manière qui s'aligne avec mes principes éthiques ? Par exemple, on pourrait se demander si on investit dans des entreprises éthiques ou si on utilise son argent à des fins qui ont un impact positif sur la société.

4. Liberté vis-à-vis des attachements matériels

De nombreux enseignements spirituels soulignent que les biens matériels et le désir de richesse ne doivent pas être le but ultime de la vie. "Argent et Esprit" explore comment utiliser l'argent sans y être attaché ni le voir comme une source de valeur personnelle ou de bonheur. Il s'agit de trouver un équilibre entre la sécurité financière et la liberté intérieure.

5. Générosité et partage

La générosité et le partage de la richesse sont des thèmes centraux dans la relation entre l'argent et la spiritualité. Il est souvent souligné que la véritable croissance spirituelle réside dans la capacité à soutenir les autres et à utiliser les ressources matérielles pour favoriser le bien-être de la communauté.

6. Abondance contre rareté

Un autre concept important est la distinction entre un "état d'esprit de rareté" (la croyance qu'il n'y a jamais assez) et un "état d'esprit d'abondance" (la croyance que l'univers a suffisamment de ressources pour tous). "Argent et Esprit" encourage les gens à développer un état d'esprit d'abondance, dans lequel on se sent riche même si l'on ne possède pas beaucoup, parce que l'on fait confiance à la vie et à ses propres capacités.

En résumé, "Argent et Esprit" examine la signification plus profonde de l'argent dans la vie humaine et comment trouver une manière saine, éthique et spirituellement épanouissante de le gérer. C'est une approche qui ne voit pas l'argent comme quelque chose de purement matériel ou mondain, mais comme quelque chose profondément lié aux valeurs, croyances et objectifs d'une personne.